Rainer Maria Rilke

WEIHNACHTSBRIEFE AN DIE MUTTER

Herausgegeben von
Hella Sieber-Rilke

INSEL

Insel-Bücherei Nr. 1391

Dies ist Weihnachten, einmal im Jahr diese Erwartung in sich fühlen, dieses feste, durch nichts enttäuschbare Anrecht, – fühlen, daß unsere größten Wünsche, wenn wir sie nur recht ins Herz fassen, nicht unerfüllt bleiben können, daß wir gar keinen Moment den Wunsch*, sondern eigentlich schon immer die kleine Erfüllung in uns tragen.*

19. Dezember 1910

WEIHNACHTSBRIEFE

1900 BIS 1925

1900

Poststempel: Berlin,
22. Dezember 1900

Meine liebe gute Mama,
wir haben nie viel geredet unter dem Christbaum. So soll es auch heute sein, zumal das Reden auf dem Papier nicht einmal die Illusion von Nähe hervorruft. Und die sollst Du haben, d. h. mehr als die Illusion, – die Sicherheit, daß ich Dir nahe bin an diesem Abend, den Du mir, seit ich ihn zum ersten Mal erlebte, geschmückt und durch Beweise Deiner Liebe und Güte reich gemacht hast! Und Du sollst mich nahe empfinden, weil ich Dir mein neues Buch schenke und auf diese Weise mit dem Besten, was ich bis jetzt errungen habe und geworden bin, zu Dir komme, mit viel mehr als nur mit meinem Körper und Gesicht, mit viel mehr als meiner Seele: – mit einer Potenz meiner Kraft und Liebe, mit einem Teil meiner tiefen Frömmigkeit, mit einem Stück meiner Zukunft. – Das Buch »Vom lieben Gott« ... ist alles das. Nimm es gut auf und laß es das vollbringen am Heiligen Abend, was ich hier wünsche. Erkenne mich darin, liebe Mama.

Ich sage nicht mehr, – ich lege nur einfach mein Buch unter den kleinen Christbaum, oder dort auf das kleine Tischchen, wo die singenden Engel stehen und wo Du mir im vorigen Jahr die Fülle Deiner Gaben ausgebreitet hast. Siehst Du, man kann es ruhig aussprechen, denn ich bin wieder da, wie im Vorjahr, nur nicht gehetzt, nicht zu bestimmter Stunde kommend oder forteilend, ich bin an diesem Abend ganz leise überall in Deiner Stube, ohne Hast und voll teilnehmender Liebe. Und ich gehe nur fort, wenn Du anfängst traurig zu sein ... Aber das tust Du nicht, nichtwahr – denn: Mein Buch ist voll Zuversicht und Licht!

Außerdem, mehr als Scherz, noch eine kleine Gabe: Ein Büchlein von Josef Victor von Scheffel zur Erinnerung an unsere Fahrt nach Toblino*! Nimms gut auf und fühle tausend Küsse Deines

René.

Und seine Gegenwart!

* Schloß in Tirol.

1901

Westerwede bei Worpswede,
am 21. Dez. 1901

Liebe Mama,
Weihnachten! Ich möchte Dir gern einen großen Weihnachtsbrief schreiben, aber in meiner neuen recht beneidenswerten Eigenschaft als Vater hab ich so viele Pflichten, daß ich Dir nur wenige innige Worte senden kann. Ich glaube, diesmal wirst Du es nicht so traurig und bange empfinden, daß ich zum 24. nicht nach Prag gekommen bin, da Du weißt, daß ich ein eignes Haus und eine liebe Frau und ein kleines Kindchen habe, für die ich wohl einen Christbaum schmücken darf. Ich bin nicht mehr allein! Das sagt alles! – Ich werde um die Bescherungsstunde im Geiste bei Dir sein! Ich selber muß mit leeren Händen kommen, denn es geht nicht an, daß ich das kleine Buch »Die Letzten« als Gabe anrechne. Möchte es Dich ein wenig freuen, liebe Mama! Außerdem folgen 2 Bilder von uns, die Du Dir gewünscht hast: so sind wir in diesen Stunden auch im Bilde um Dich und Du siehst uns, ein Stück unseres Hauses und unseres Landes wieder. Wie schön zu denken, daß Du das alles kennst! Gerne hätte ich die Bilder rahmen lassen, aber ich kenne die Farbe der roten Peluche nicht und sie sollen doch jedenfalls den Deinen gleich gerahmt werden. Du mußt sie also so aufnehmen. – Wir werden sobald es dämmert Bescherung machen und Clara (die heute schon auf ist), wird dann schon

im Zimmer herumgehen und unser liebes kleines Kindchen zum Christbaum tragen können.

Hab Dank für alles, alles Liebe!

Wir denken innig Dein, liebe gute Mama! Herzlich küßt Dich

Dein dankbarer
René.

Liebe Mama,
ich sende Dir viele herzliche Weihnachtsgrüße und Wünsche und auch einen Gruß von unserer Kleinen.

Deine Tochter Clara.

1902

Paris, 3, rue de l'Abbé de l'Épée
am 21. Dez. 1902

Meine liebe gute Mama,
nun kommen wir zum Weihnachts-Abend. Leider nur aus großer Ferne, aber mit allen besten und innigsten Wünschen und Gedanken! Wie geht es Dir, liebe Mama? Mir ist, als hätte ich lange nichts von Dir gehört; und das ist freilich auch meine Schuld, denn ich habe selbst schon wieder lange nicht geschrieben, nicht wahr? Aber ich war die letzte Zeit ganz ungewöhnlich stark in Arbeit, so daß ich alles was eintraf (auch Liebes und Wichtiges) unbeantwortet lassen mußte. Verzeih mir. Ich habe Dir noch nicht einmal gedankt für das schöne Kleidchen zu Ruth's Geburtstag, wie gut es dort aufgenommen worden ist und daß Ruth es getragen hat. Sie trägt es nun gewiß zu allen festlichen Anlässen, wird es also auch am Weihnachtsabend anhaben. Du kannst Dir denken wie sehnsüchtig wir jetzt an allen diesen Tagen an unser liebes Kind gedacht haben, und wie wir uns dieser Zeit vom vorigen Jahr erinnert haben, wo wir alle drei zum ersten Mal beisammen waren um einen großen Baum und bei vielen schönen Sachen in der festlichen Stille unseres lieben Hauses. Diese Weihnachten werden für uns nicht ohne Traurigkeit sein. Wir feiern sie gar nicht, wir leben so weiter wie bisher, erholen uns nur vielleicht zwei, drei Tage ein wenig und denken noch mehr als sonst nach Oberneuland. Dorthin

haben wir eine kleine Kiste mit meist praktischen Kleinigkeiten gesandt und Mama Westhoff muß das übrige tun, Ruth ein gutes Weihnachten zu schaffen, und alle Wünsche zu erfüllen, die sie ihrem kleinen Gesichte ablesen kann.

Wir werden auch an Dich denken liebe Mama. Möchte Deine Gesundheit Dir erlauben, den Tag in stiller Sammlung und Festlichkeit zuzubringen. Hoffentlich ist es im Hause sonst nicht erregt oder verstimmt, so daß auch von außen keine Störung an Deinen Frieden kommt. Wir erflehen für Dich Gesundheit und gute Tage und nehmen wie aus der Nähe an Deinem Heiligen Abend innig teil!

Ich muß, liebe Mama, mit ganz leeren Händen zu Dir kommen. Es war erst nicht so gemeint. Ich gedachte Dir die Arbeit dieses Jahres, die große Monographie Worpswedes auf den Weihnachtstisch zu legen. Und nun eben erst erfahre ich, daß das Buch durch Verzögerungen der Druckerei nicht fertig geworden ist. Das macht mich sehr, sehr traurig, aber ich bin an dieser Verspätung ganz unschuldig und bitte Dich, sie mir nicht anzurechnen! Nimm also nur die Ankündigung dieses Buches (das Dir, wie ich hoffe, ein wenig Freude machen wird) zu Deinem Weihnachtstisch. Das Buch selbst folgt dann so bald als möglich, vielleicht noch im Laufe des Dezember, nach und sei schon heute um eine gute Aufnahme seiner gebeten.

Nun als wir erfuhren, daß die Monographie nicht fertig werden wird, dachten wir immerfort daran, Dir eine kleine Freude zu machen. Wir haben aber gar nichts gefunden, nur einen kleinen Kalender und ein kleines Notiz-Büchlein lege ich für Dich diesem Briefe bei, weil man diese Dinge braucht und oft zur Hand nimmt und weil ich weiß, daß Du für so etwas immer Verwendung hast.

Außerdem sende ich als Drucksache noch das Jahrbuch von Lourdes für Dich. Es ist ein einfaches Heft, ziemlich schlecht gedruckt, aber es wird Dich sowohl durch seinen Text wie durch seine Illustrationen doch interessieren. Da ist eine Abbildung von Lourdes (Du wirst sie finden), auf der der Ort eine gewisse Ähnlichkeit mit Arco hat. Dann sind andere Abbildungen da, auch ein Bildnis der Bernadette, was Dich alles vielleicht ein wenig freuen kann. Und nun habe ich noch eine Bitte: wenn Du Dir noch irgendwie eine Fotographie aus der Serie: »Nos contemporains chez eux« wünschest, willst Du mir sagen welche? Diese Bilder kosten hier fast nichts und ich hätte Dir so gern eines geschickt wenn ich gewußt hätte, welche Du schon besitzest. Ich konnte mich dessen nichtmehr genau entsinnen. Soviel ich glaube hast Du: Ohnet, Zola und Renan – nicht? Vielleicht auch Feuillet? Möchtest Du noch irgend eines besitzen, auch gibt es von Zola drei Aufnahmen (außer der, wo er am Schreibtisch sitzt, noch zwei andere) und von Ohnet Zwei eine besonders sympathische. Bitte sprich Deinen Wunsch aus. Wir möchten Dir so gerne noch eine kleine Freude damit machen; auch wenn es nachträglich geschieht. Ich würde die Fotographie dann später bis ich Dir die Monographie sende mit einlegen .... Ich freue mich innig darauf, daß Du mir irgend einen solchen Wunsch schreibst, denn es schmerzt mich sehr, daß wir diese Weihnachten so armselig zu Dir kommen. Wäre nur mein Buch fertig geworden!

Laß mich bald von Deiner Gesundheit gutes hören, schreib mir was Du am Weihnachtsabend und in den Feiertagen vor hast, man kann besser an jemanden denken, wenn man weiß was er tut. Aus Oberneuland bekommst

Du neue Bilder unserer lieben Ruth, die hoffentlich rechtzeitig eintreffen. Und wir werden sehr, sehr innig an Dich denken. So verbringe den Tag gut und gönne Dir gute stille Feiertage. – Vielleicht gehst Du nun doch bald nach Arco. Ich werde glücklich sein, Dich dort zu wissen, mir ist immer bange, solange Du in Prag sein mußt. Wie ist das Wetter? Nach großer Kälte ist es hier wieder sehr warm geworden; die Leute sitzen vor den Kaffeehäusern und in den Gärten, aber es ist feucht und traurig und gar nicht weihnachtlich. Die Leute machen hier meistens auch keine Weihnachtsbäume und ihre ganze Feier besteht im Essen großer Gänse . . .

Clara dachte auch immer wie sie Dich irgendwie freuen könnte. Sie bittet Dich auch uns irgendeinen Wunsch zu sagen, den wir Dir zusammen erfüllen können! Und nun liebe, gute Mama gutes, gutes Weihnachten. Wie immer an diesem Abend werde ich Dir auch diesmal innig und liebevoll nahe sein, besonders nahe. Es umarmt Dich

Dein René.

Danke, daß Du für Großmama wieder die Torte besorgst. Die Wünsche liegen hier bei!

1903

Rom, Villa Strohl-Fern,
am 20. Dez. 1903

Meine liebe Mama,
beifolgend ein kleiner Brief, den ich Dich bitte erst am 24. abends zu öffnen und die Karte für Großmama. Sei also so gut sie zu der Torte zu legen, die Du für uns geben willst. Meinen Brief von vorgestern hast Du wohl, ebenso wie das kleine für den Weihnachtsabend bestimmte Paket! Es schmerzt mich, daß ich nicht mehr senden kann – wie gerne täte ich es.

Heute hörten wir, daß unsere liebe Ruth einen guten Geburtstag gehabt hat und wohlauf ist. Wir werden heuer keinen Christbaum haben und das Fest in aller Stille begehen, ohne Betonung, aber in konzentriertem Gedenken an das, was uns lieb ist auf der Welt.

Hoffentlich fühlst Du Dich jetzt gut, liebste Mama. Laß mich Gutes hören: Das ist mir die beste Weihnachtsfreude,

Dein René.

Rom, Villa Strohl-Fern,
am 20. Dez. 1903.

Meine teuere Mama,
erst am 24., in der uns teueren stillen Stunde sollst Du diese Zeilen lesen, die Dir Zeugnis sein sollen meiner herzlichen Gegenwart an Deinem Weihnachts-Abende. Nur mit einer kleinen Gabe kann ich kommen, aber mit einer, die mich Dir wirklich nahe bringt und macht, daß ich wo Du auch seist Dich begleiten kann und vor Dir stehen kann mit meiner lieben Frau immer wenn Du es willst, wie bei unserem jüngsten Karlsbader Wiedersehen! Du hast einen diesbezüglichen Wunsch einmal, während wir in Paris waren, ausgesprochen; damals konnte ich ihn nicht erfüllen, aber ich habe ihn, wie Du siehst, nicht vergessen und wünsche nun von Herzen, daß das Bild Dir gefiele und Dir wirklich das Gefühl unserer Gegenwart gäbe an jenem heiligen Abend und immer, später, wenn es vor Dir steht. Wir dachten daran, dem Bilde einen Rahmen mitzugeben und hätten es gerne getan; aber ich weiß, daß Du es am liebsten mit Deinem gewohnten Sammet umkleidest, damit es zu Deinen anderen Bildern passe, und diesen Rahmen wage ich hier nicht zu bestellen, da ich weder die Nüance des Sammtes kenne noch weiß, wo hier derartiges gemacht wird. Auch hätte die Einrahmung die Sendung des Bildes erschwert und kompliziert, – und so sende ich es denn mit der Bitte um Nachsicht, so wie es ist, bittend, Du mögest es gut aufnehmen und die Geringheit unserer Gabe mit der Art entschuldigen, wie sie gegeben und gemeint ist! Das Christkind, das Du mir zugedacht hast, fällt ja viel, viel reicher aus, nach allem was Du mir schon

davon geschrieben hast, als das was ich Dir bereiten möchte! Aber wo meine Gabe nicht hinreicht, da muß die Versicherung sprechen, daß viele viele Wünsche von mir Dein Fest mit Dir feiern und Dich umgeben und für Dich beten in der heiligen Stunde, die wir *zusammen* erleben, weil wir sie tief gemeinsam fühlen und empfangen. Genieße, liebe Mama, offenen Herzens ihre große Festlichkeit, und laß Dir von ihren sanften Händen alle Sorge aus dem Herzen nehmen. Wer Vertrauen hat ist stark, und diese stille Weihnachtsstunde ist von denen, die Kraft verleihen können, weil sie voll Wunder ist und voll Geheimnis. Und man muß nur still und einsam und geduldig genug sein, um die Gnade einer solchen Stunde in sich aufzunehmen, die in viele nicht eingeht, weil kleines Geräusch in ihnen ist und keine Ordnung. Es liegt schließlich alles daran, daß wir uns an das Große halten, an das, was wir allein in unserem Herzen erleben und was niemand stören kann. Wenn wir uns in den Stunden großer Sammlung und Erhebung sagen, daß das das Leben ist, was sich so zitternd und festlich in uns rührt und unseren Blick blendet mit großen glänzenden, tiefherkommenden Tränen, – dann wird die kleine Wirrnis, die uns umgibt, das Tägliche und Trübe uns nichtmehr irremachen; mit mitleidiger Nachsicht werden wir es ertragen und wenn wir auch leiden unter der Last, sie wird uns nicht geringer machen als Gott uns will, der gerade jene Stunden der Erhebung uns gesetzt hat wie strahlende Stationen des dunklen Weges, auf dem wir ihn suchen!

Nimm, liebste Mama, diese Worte in stiller Stunde als Zeichen und Zeugnis meiner liebevollen Nähe und Gegenwart. Wie wünsche ich, daß der heilige Abend Dich gesund fände und daß alle Verhältnisse in Deiner Umgebung so sind, daß Du gute stille Stunden hast. Nimm *innigen* Dank für alles Liebe und Gute was Du uns in unsere Einsamkeit sendest und was Du unserer lieben Ruth gesandt hast. Du weißt uns immer wohlzutun und mußt auch wissen, daß wir das von ganzem Herzen fühlen! In Liebe umarmt Dich, liebe Mama,

Dein René.

1904

Am 24. zu lesen!

Oberneuland bei Bremen,
am 20. Dez. 1904

Meine liebe gute Mama,
glückliche und segensvolle Weihnachten von uns Dreien. Mögest Du unsere innigen Wünsche und unsere Nähe empfinden, liebe gute Mama, und Dich nicht allein und verlassen fühlen, sondern umgeben von meinen liebevollsten wärmsten Gedanken. – Ich bin nun schon fast eine Woche in Oberneuland; Clara habe ich gesund und sehr in Arbeit gefunden; sie hat jetzt ein schönes helles Atelier in Oberneuland ganz nahe vom Westhoff'schen Hause und hat Schülerinnen in Bremen, zu denen sie oft hineinfahren muß und die sie sehr in Anspruch nehmen. Dazu kommt, daß ihr in diesen Tagen ein sehr ehrenvoller Auftrag verliehen worden ist, die Portraitbüste des bekannten Schriftstellers Prof. Bulthaupt für den Bremer Künstlerverein auszuführen, – eine bedeutende Arbeit um die viele Künstler sich beworben hatten. Gleich nach Weihnachten soll die Arbeit beginnen und Clara hat nun sehr viel mit den vorbereitenden Schritten zu tun. – Inzwischen habe ich unsere liebe kleine Ruth wiedergesehen und gefunden, daß sie ein ganz persönlicher kleiner Mensch geworden ist, mit ganz ausgesprochenen Ansichten und klar formulierten Meinungen über Alles. Sie ist ein liebes, liebes

Mädchen und es scheint, daß sie mich wirklich erkannt hat, so zutraulich und lieb ist sie zu mir. Ich habe Dir nichts weiter über ihre Wünsche geschrieben, denn noch kenne ich sie zu wenig um diese übersehen zu können. Andererseits errätst Du gewiß auch diesmal das Richtige, wie schon so oft. – Wir werden die Weihnachtstage ganz still hier in Claras Wohnung verbringen; am 24. soll Christbaum und Bescherung bei Westhoffs sein, – (es wäre für Helmuth* und für Mama Westhoff zu schwer gewesen, sie an diesem Abende fortzulassen), am 25., gegen Abend, wird bei uns Ruths Bescherung sein. Ich habe aus Schweden, Kopenhagen und Hamburg ein paar Sachen für sie mitgebracht, mit denen ich sie ein wenig zu freuen hoffe. Es ist nicht viel, aber sie wird fühlen mit welchem Gefühle es gegeben ist. – Ich werde wie immer, am 24. um 6 Uhr an Dich denken und Gott bitten, daß er eine Friedensstunde in Dir bereiten möge. Eine Stunde Stille mit einer großen Zuversicht, die läutet wie eine Weihnachtsglocke. Sei frohen Mutes, liebste Mama. Denk an Dein liebes Rom, laß es auch teilhaben an Deinem Feste, lege Dir einen kleinen Brief von Dir an Dich auf den Weihnachtstisch in dem nur das eine Wort steht: Roma.

Von uns kommt nur eine kleine Gabe, in der wir drei zusammengefaßt sind. Clara schickt Dir ein Ruth-Bild und ich sende Dir auch eines. Die Bilder sind im Herbste gemacht, sollten aber Deine Weihnachtsfreude sein. Hoffentlich sind sie es auch. Nimm sie gut auf, liebe Mama.

* Helmuth ist der sehr viel jüngere Bruder Clara Westhoffs, der spätere Porträt- und Rosenmaler, Schüler von Leo von König.

(Ich ließ sie nicht rahmen, weil ich weiß, daß Du Deine Sametrahmen allen anderen vorziehst). Nun nochmals ein gutes Christkind zu dem von ganzem Herzen kommt

Dein liebevoller René.

1905

Worpswede bei Bremen,
am 20. Dez. 1905

Am 24. zu lesen.

Meine liebe gute Mama,
frohe gute heilige Weihnacht.

Das kleine liebe blonde Mädchen mit den langen goldenen Haaren, das hier herumläuft und wie das Christkind selber ist, kommt jeden Augenblick mir etwas zeigen, so daß ich gar nicht recht Ruhe zum Schreiben habe; aber diese kleine Störung kann nur dazu beitragen, diese wenigen Worte weihnachtlicher zu machen, da sie von diesem kleinen lieben Mädchen ausgeht, das so voll Erwartung und Freude und Zuversicht dem Tag entgegensieht, der immer näher kommt.

Ich mag nicht viel schreiben, denn ich werde nur kurz hier sein und möchte diese wenigen Tage ganz meinen Lieben geben; möchte jedesmal wenn mein kleines Töchterchen mir etwas zeigen kommt aufmerksam sein und tun was sie von mir will. Das kannst Du Dir wohl denken.

Deshalb meine liebe Mama ist das nur ein kleiner Brief geworden, der den zwei kleinen Päckchen, die das Christkind heute für Dich bei uns aufgegeben hat, zum Geleite dienen soll.

Wenn Du am 24. an uns denkst, so denke nun doch noch Oberneuland; wir warten hier alle Pakete und Sendungen ab und fahren dann zum Sonntag doch noch hinüber, weil Helmuth zu traurig wäre, ohne Ruth sein zu müssen und weil wir hier zu wenig Platz haben. So wird es in Oberneuland zwei Bescherungen geben und zwei Bäume. Ich werde unsere so ungefähr gegen 5 einrichten; wenn Du, meine liebe, gute Mama, um diese Zeit zu uns herüber denkst, so werden Deine Gedanken auf halbem Wege den unseren begegnen, die Dich suchen, um Dir unserer Weihnacht Duft und Glanz und Stille zuzutragen: und da sich das von Herz zu Herz überträgt, so gibt es keine eigentliche Entfernung; Du wirst in Deinem Alleinsein doch von uns umgeben sein und hören wie weihnachtlich es um uns und in uns ist. –

Frohe zuversichtliche Glocken mögen eine Weile lang in Deinem Herzen schwingen, bewegt von den Weihnachtswünschen, die daran rühren und die wir Dir senden und zudenken.

Hab Dank für alle Liebe und Treue und feiere ein stilles hoffnungsvolles Fest in Deinem Herzen, umgeben von den Bergen und Tälern, die mit all ihrem Wohltun doch auch eine Art Heimat für Dich sind.

Im Grunde ist es nicht traurig allein zu sein, wenn die Wege zu allen Lieben offen stehen: Aus dieser Verbindung entsteht doch ein gemeinsames Fest, – denn das kann nur im Herzen entstehen, wo die wirkliche Liebe und die tiefste Gemeinsamkeit ist, und wo man alles in einem Augenblick feierlichster Stille zusammenfassen kann, was einem lieb ist.

Halte uns in Deinem Herzen und die Weihnachtsglokken müssen Dir dieses sagen: Wie sehr Du uns darin empfangen kannst und wie sehr Dein Allein-Sein, ein Allein-Sein mit uns ist an diesem guten festlichen Abend. Liebevoll umarmt Dich

Dein dankbarer René.

1906

Capri, Villa Discopoli. Italien.
am 19. Dez. 1906

Meine liebe gute Mama,
meine Befürchtung hat sich erfüllt: die neuen Bücher sind nicht eingetroffen und, selbst falls sie diese Tage noch kommen sollten, darf ich doch nicht hoffen, sie noch rechtzeitig auf Deinen Weihnachtstisch legen zu können. Ich komme also mit ganz und gar leeren Händen. Zwar ging ich noch hoffend damit um, Dir eine capreser Kleinigkeit als vorläufiges Angebind einlegen zu können, aber ich muß ganz offen eingestehen, daß ich nichts finde, da die hiesigen Geschäfte außerhalb der Saison eine Art Winterschlaf halten. Verzeih also wenn ich noch armseliger als sonst zu kommen scheine: im Grunde komm ich immer mit demselben Herzen, mit dem ich als Kind schon kam und Du wirst durch die Komplikationen, die das Leben zwischen zwei nahen Menschen anhäuft die sich zu selten sehen, doch das Zutraun zu diesem Herzen nicht verloren haben. Nicht wahr?

Also es weilt wiederum mit seinen alten aufrichtig-warmen Wünschen bei Dir, zwar ohne irgendwelchen Festesanspruch diesmal, aber doch noch teilnehmend an der Stille jener heiligen Stunden, in denen alle Maschinen auf der Welt stehenbleiben und nichts in Bewegung bleibt als die Herzen, die schlagen, rascher, feierlicher, geheimnisvoller schlagen aus Erwartung, oder Erinnerung kindlich atemloser Seeligkeit. Einsam beide diesmal, werden wir uns am Christ-Abend besonders nahe sein und Du wirst gewiß fühlen, wie meine Gedanken Dich erreichen und halten wenn Du sie suchst und brauchst am Eingang Deines Gebetes –.

Man glaubt hier so wenig an Weihnachten wenn man die Rosen blühen sieht, die Orangen reifen fühlt und (wenn ein stiller Tag kommt zwischen zwei Sturmtagen) auch den Duft von alledem deutlich um sich hat, den der kleinen weißen Narzissen, der weißen Geranien, der hundert und hundert Rosen, die immerfort im Aufgehen sind. Meine gütige Gastfreundin feiert, so oft sie hier ist, ihr Weihnachten, indem sie etwa 50 arme Kinder einlädt und beschenkt.

Im Studio wird dann (es gibt ja keine Tannenbäume) eine Pinie mit Rosen (frischen Rosen) und Lichtern geschmückt und die Dienerschaft übt Weihnachtsgesänge ein. Im übrigen werden wir im kleinsten Kreise sein; am 23. komplettiert sich unser kleiner Haushalt um die beiden Wintergäste, die noch bevorstehen: die Stiefmutter meiner Hausfrau, die alte Baronin zu Rabenau, und eine junge Gräfin aus dem fürstlichen Hause Solms-Laubach, die ich auch schon aus Darmstadt kenne. Auch die alte Baronin ist eine feine, sehr reizende und immer noch schöne alte Dame, so daß unsere kleine Gesellschaft sich auf das Sympatischste schließen wird. Ich habe die Vergünstigung, sehr viel allein zu sein, bekomme die Abendmahlzeit in mein kleines Haus geschickt, um ungestört und viel arbeiten zu können. Das ist es ja was mir vor allem Anderen nottut!

Schön ist es hier die Dudelsackpfeifer zu hören, die um

die Weihnachtszeit im ganzen Ort herumgehen und vor den Madonnenbildern stehen bleiben und vor den kleinen Kapellen und spielen, alte uralte Lieder zu Ehren des Jesukindes. Da ist etwas Weihnachtliches, an das man sich halten kann.

Also sei nicht *zu* allein: Denke und fühle wie herzlich Dich umgibt

Dein alter dankbarer René.

Dank auch für alles Liebe, das Du den Meinen zudenkst und erweisest!

Dazu ein leerer Umschlag mit dem Text: für den 24. (abends.). Bis dahin alles Liebe:

René

1907

Oberneuland bei Bremen.
am 21. Dez. 1907

Meine liebe gute Mama,
alle unsere innigsten Gedanken zu der stillen Stunde Deines Weihnachtens. Ich lese in Deinem Brief dankbar Dein Versprechen, mutig und stark zu sein und den Abend so zu verbringen, daß Du in Deinem Alleinsein meine herzliche Nähe empfindest und alle Geborgenheit, die Dein frommes Gefühl Dir verschafft, indem es sich nicht aller Sehnsucht und Hingabe in die Fülle aller Gefühle flüchtet: In die unerschöpfliche Herrlichkeit und Erhebung tiefer unbeirrter Anbetung. Und Du weißt ja, wie sehr wir uns auch dort, in gemeinsamer Verständigung wiederfinden, und wie sehr Dein Alleinsein auf einer Anzahl tiefer Beziehungen beruht, die vielleicht nur von denen, die allein sind in solcher Stärke ausgehen können. Möchtest Du, liebe Mama, in solchen Empfindungen und inneren herzlichen Sicherheiten die stillste Stunde verbringen, die jene weihnachtliche Stunde ist. Ich denke von Herzen zu Dir hin, ohne mich von der Entfernung beirren zu lassen; um sechs Uhr öffne ich das Cuvert, das in Deinem lieben eingeschriebenen Briefe lag und Du wirst zur gleichen Zeit die kleine Sendung öffnen, die ich heute abschicke. Dann wird die kleine Ruth ihren Weihnachtsbaum bewundern und ihr Fest feiern, zu dem die Sachen, die Deine Fürsorge ihr zugedacht hat, das Meiste beitragen werden. Aus Dei-

nem lieben Brief weiß ich ja nun schon, wie lieb Du an uns gedacht und wie sehr Du für jeden *das* ausfindig gemacht hast, was ihm am meisten Freude bereitet. Lieben herzlichen Dank für alles. Ich bin sicher, daß Clara über den englischen Flanell sehr glücklich sein wird: da ihr gerade ein Morgenkleid sehr fehlt, könnte ihr wirklich kein lieberes Geschenk gegeben werden. Und Ruth hat ja, weiß Gott, eine lange Liste: das Piqueekleidchen wird besonders reizend für sie sein, und ich sehe schon, wie sehr die Pastellstifte ihren Wünschen entsprechen: Es gibt nichts, was ihr über das Zeichnen und Schreiben geht. Sie spricht jetzt sehr viel von Dir. An ihrem Geburtstag war sie erst ganz traurig, als der Postbote keinen Brief von Dir brachte und rechnete damit, daß die Wünsche von »Großmama Phia« (wie sie sagte) mit der Mittagspost kommen würden. Dann war sie sehr befriedigt und stolz, als gerade vor Tisch Dein liebes an sie gerichtetes Telegramm eintraf.

Vielleicht bekommst Du noch rechtzeitig als Weihnachtsfreude die erwünschte gute Nachricht aus Rom. Wie sehr auch ich mich nach südlicheren Tagen sehne, läßt sich kaum stark genug sagen. Das Klima hier drückt mich nieder, es wird kaum Tag und die Wege sind kaum gangbar vor Nässe. Wer möchte da nicht der Sonne etwas entgegenreisen.

Nun nochmals ein gutes frohes (innerlich dennoch frohes) Fest von uns Dreien. vor allem von Deinem Dich herzlich umarmenden

René

Dazu eine Karte: Frohe Weihnachten. 1907.

1908

Paris, 77, Rue de Varenne.
am 21. Dez. 1908.

Meine liebe gute Mama:
ein gutes friedliches Weihnachten: So war das natürlich nicht gemeint, daß ich das Fest übersehen würde, ich werde natürlich an meine Lieben denken, und sechs Uhr bleibt unsere verabredete Stunde, wie immer.

Zwei kleine Pakete sind gestern rec⟨ommandiert⟩ an Dich abgegangen; und wenn es auch nicht darauf vermerkt war, ich hoffe Du siehst ihnen an, daß sie erst zugleich und mit diesem Brief geöffnet sein wollten. Ich bin so gedrängt, daß ich sogar den Weihnachtsbrief, wie Du siehst, in Eile schreiben muß. Es sind einige Correspondenzen zusammengekommen, da entfernte Freunde an mich gedacht haben und es mir selbstverständlich am Herzen liegt, ihre Erinnerung wenigstens mit einem lieben Wort kurz zu erwidern. Und das nimmt viel Zeit, weil meine Gedanken in der Arbeit stecken und anderswo nur halb bei der Sache sind. Du mußt Dir auch unter der Arbeit nichts unfeierliches vorstellen: sie wird immer mehr das große Fest für mich, mein einziges unbedingtes Fest, – und wenn ich sagte, daß ich auch am 24. arbeiten will, so heißt das, daß ich den heiligen Abend in ernster und stiller Sammlung zu verbringen gedenke: besser kann er doch wohl nicht begangen sein. –

Daß ich aber um 6 *alle* meine Gedanken für Dich zusammenfasse in Liebe und treuer lebendiger Erinnerung: dessen darfst Du unbedingt sicher sein, und ich hoffe die Stunde wird nicht vergehen, ohne daß Du es herzlich und überzeugt empfindest. Die Kleinigkeiten, die ich hier für Dich aussuchte, bedeuten nur einen kleinen Gruß aus Paris. Den Kalender hätte ich lieber in blau gehabt, aber es gab keinen. (Letzterer ist von Clara).

Du hingegen hast so vielfach und herzlich an Ruth gedacht, und ich bin sicher, daß Du das Unmögliche möglich gemacht hast, indem Du alles in Riva fandest. *Ich* finde nicht einmal hier in Paris etwas. Clara hat nun die Absicht, vielleicht doch noch zu Ruth zu fahren; ich riet ihr sehr dazu; denn für Ruth wäre es natürlich ein ganz anderes Fest, wenn sie ihre Mutter bei sich hätte.

Nun, liebe Mama schließe ich Dich mit einem weihnachtlichen Kuß in meine Arme und wünsche Dir Segen und Mut und Gesundheit in dieser alten vertrauten lieben Stunde.

Dein René.

1909

Paris.
Am 20. Dez. 1909

Montag

Meine liebe Mama,
tausend Dank für Deinen Brief, der mir so wohltuend die Sicherheit brachte, daß Dein neuer Aufenthalt sich im Guten bewährt! Möchte alles so bleiben und Dir recht lieb und vertraut werden. Der Schlaf stellt sich gewiß nach und nach ein, wenn der ungewohnte Anreiz der starken gesunden Luft (die herrlich zu fühlen sein muß) einmal überstanden ist und wenn Du dann auch Dr. Noacks Meinung und Antwort hast, so kannst Du hoffentlich Dein Leben ruhig und freudig genau so einrichten, wie Du es brauchst.*

*An Großmama habe ich geschrieben. Als Dein mahnendes Wort kam, war schon ein kleines Paket an sie abgegangen, enthaltend ein schönes seidenes Ridicule** mit Bonbons gefüllt, das ich besorgt hatte, eingedenk dessen, daß Du ja heuer nichts für mich bestellen kannst. Ich glaube, es wird ihr Freude machen, es war sehr gediegene blumige Seide mit einer breiten Goldschnur zugebunden, und das Geschäft ist eines der renommiertesten, so daß auch der Inhalt nicht dahinter zurückbleiben wird. Es war leider nicht möglich, den Zoll* hier *zu zahlen, aber es kann nur eine Kleinigkeit ausmachen und bereitet wohl kaum irgendwelche Schwierigkeiten. –*

* Dr. Noack, Arzt im Sanatorium »Weißer Hirsch« in Dresden.
** Ridicule, ein Beutel.

Ja, *wir feiern, wie immer* um 6; *ich bin dann mit dem Herzen innig und aufmerksam bei Deiner Feier. Für diese Stunde folgt hier mein kleiner Weihnachtsbrief und gleichzeitig geht ein sehr kleines Paket eingeschrieben ab, das auch bittet, erst am 24. um 6 geöffnet zu sein.*

Die anderen Tage bleibe ich alle über der Arbeit ohne Unterschied; denn ich habe noch viel zu leisten und die Zeit wird bedenklich kurz bis zu meiner Reise. Sei herzlich umarmt, liebe Mama,

von Deinem René.

Paris. 77, Rue de Varenne
Am 20. Dez. 1909

Meine liebe gute Mama,
Gottes Segen und heilige Freundschaft zum stillen Fest. Ich feiere es mit Dir im Geiste, wie jedes Jahr, und bin recht innig froh, zu denken, daß Du gerade zurecht gereist bist, um den weihevollen Abend, (so recht den »Feierabend« des ganzen Jahres,) – in einer freundlichen Umgebung zu verbringen; nicht ohne Fremde zwar und allein, aber in jener stillen und friedfertigen Verfassung, die uns ermöglicht, alles Heimatbedürfnis nach Innen zu verlegen, an eine überaus geschützte Stelle des Herzens, wo den Einsamen, gleichsam als Ersatz für alles, was sie entbehren, deutlicher und klarer als allen anderen Menschen, das warme Bewußtsein ersteht, Gottes innige Heimat durch alle Ferne und Fremde *in sich* zu tragen. Wie könnte man

die geweihte Stunde tiefer begehen und erleben, als in dieser rührenden Überzeugung, die, auszeichnend und demütigend zugleich, das Herz leuchtend und die Seele gewichtlos macht? Und ist es möglich in dieser hohen Tröstung zu verweilen, ohne die Vermutung, daß man sie vielleicht nicht betreten hätte, wenn weniger Verfolgung, Prüfung und Unrecht über einen hereingebrochen wäre? Das Schwere, das uns aufgelegt wird, drückt es uns nicht tiefer in unser Herz hinein, das wir im Glück nur zerstreut und oberflächlich kennenlernen? Das Böse, das auf uns aufmerksam ward, wie oft hat es uns nicht, wenn es uns auf den Fersen blieb in den rechten Weg hineingejagt? Und bildeten wir nicht hundertmal unter dem Andrang irgendwelcher Schmerzen die Geduld aus, die nötig ist, um abzuwarten, daß das Gute bereit ist für uns und wir selbst reif, es zu verstehen und zu verwenden?

Unser Leben ist schnell und kurz, Gott aber ist langsam und ohne Ende: Darum kommen immer wieder Momente, wo das eine mit dem anderen nicht vereinbar scheint, und wir sollen auch nicht wissen, *wie* es sich vereint: sondern nur offenen Herzens für das Mysterium da sein, daß das Große im Geringen Raum hat: Daß in der Intensität unseres Daseins ein Augenblick Ewigkeit sich verdichten kann, der mit Gottes ununterbrochenen Ewigkeiten zusammenfällt. –

Dies seien, liebe Mama, unsere gemeinsamen Gedanken in der geistig gemeinsamen Stunde des alten heiligen Festes. Möge Mut in Fülle und Friede in Dein Herz fluten.

Ich konnte nicht ausgehen über meiner vielen Arbeit,

um etwas für Deinen Tisch zu suchen; so sende ich nur eine kleine Taschenausgabe der »Imitation«*: Du liebst sie auch und mich hat dieses rätselhaft reiche Werk im französischen Wortlaut immer am meisten ergriffen: Nimm es auf in Liebe wie es gegeben ist, und sei nun innig umarmt von

Deinem René.

dazu in einem Umschlag:

Meiner teueren Mama, nach Innsbruck –
Weihnachten 1909.

* Imitation, d. i.: Thomas von Kempen, »Imitatio Christi«.

1910

Tunis, Tunesia Palace-Hôtel,
[19. Dez. 1910]

Meine liebe gute Mama,
von weit, wirklich aus fremdem Land und Erdteil, kommt diesmal mein Weihnachtsgedenken, und doch empfind ich dieser Tatsache gegenüber mit umso mehr Innigkeit das Bewußtsein, daß unsere Gedanken in der jährlichen Bescherungsstunde sich deshalb nicht schwerer zueinander finden und berühren werden, sondern, daß ich Deinem stillen Feierlichsein ganz nahe sein werde mit treuester Teilnehmung und Zugehörigkeit. Also, meine liebe Mama, einen herzlichsten Kuß in der feierlichen Weihnachtsstunde, der stillsten im Jahr, der heimlichsten, in der immer noch im Unsichtbaren sich Wünsche bis zum Äußersten anspannen und wunderbar erfüllen: verbringe sie in einer tiefen großen Sammlung Deines Herzens, laß allen Zweifel und alles Nichtverstehen aus, wir haben eine Stelle in uns an diesem Abend wo wir einfach Kind sind, das erwartet, vertraut und unbeirrt dasteht in seinem Recht auf große Freude: dies ist Weihnachten, einmal im Jahr diese Erwartung in sich fühlen, dieses feste durch nichts enttäuschbare Anrecht, – fühlen, daß das Erwachsene, das jetzt über uns ist, nicht weniger, nein, mit viel mehr, mit Unendlichem uns überraschen will, daß im Grunde unsere größten Wünsche, wenn wir sie nur recht ins Herz fassen, nicht unerfüllt bleiben können, daß wir

gar keinen Moment den *Wunsch*, sondern eigentlich immer schon eine kleine Erfüllung in uns tragen, die wir der Pflege Gottes überlassen müssen, der sie großzieht und zu Ansehen bringt aus unserem Erdreich. – Dies sind, liebste Mama, – meine Weihnachtsgedanken zu Dir hin, empfinde sie in ihrer Wärme und laß sie zusammen mit den Deinen den Raum um Deinem Herzen erfüllen. Hier stehen Moscheen, Gotteshäuser eines anderen Glaubens, aber desselben Gottes, das fühlt man an der Innigkeit mit der das Leben der Moslem religiös sich zusammennimmt, es ist ein Land großen und leidenschaftlichen Glaubens, und man muß sich nur erinnern, wie gerade auf diesem Boden das erste Christentum starke Wurzeln ansetzte, Carthago oder die Gegend um Carthago ist die Heimat des heiligen Augustinus! Also meine liebe Mama, Mut, Zuversicht und ein helles Herz. Am 24. um 6 Uhr, wie immer, nehm ich im Geiste teil an Deiner lieben Feier und halte mich Dir nah. Dich umarmt Dein

alter René.

Nachschrift: Liebe Mama, ein kleiner Kalender, der für Dich bestimmt war, ist in Paris leider zurückgeblieben; aber ein anderes bedaure ich noch mehr: in der Wallfahrtskirche Notre Dame-d'Afrique in Algier kaufte ich ein schönes Kreuz für Dich, nun aber ist es nicht zu finden, ich muß es verloren haben, was mir recht schade und ärgerlich ist. So gesteh' ich mein Malheur offen ein und sende nur eine kleine tunesische Brieftasche. Möge sie, bescheiden wie sie ist, gute Aufnahme finden!

1911

Duino,
Donnerstag, 1911

Meine beste Mama,
dieses inliegende, nicht zu Eröffnende, hat nur Deine Nachricht erwartet, um abgeschickt zu sein, gestern ist ein kleines rec⟨ommandiertes⟩ Paket vorausgegangen, das Du hoffentlich auch als Nichtzuöffnendes strengstens weggelegt hast?

Nun dank ich Dir, zwischen gehäufter Schreiberei, (seit gestern habe ich mehr als 30 Briefe und Sendungen durch die ganz erschrockene Duineser Post abgehen lassen) – für Deine lieben Zeilen: möchte nur Deine Gesundheit sich erhalten und (wenn auch leise) im Guten fortschreiten, – damit sich immer zuerst in jedem Deiner Briefe, beim ersten Lesen wart ich nur auf diese Nachrichten, erst später merk ich alles andere.

Du mußt Clara ihre Unpünktlichkeit nicht übel nehmen: Ihr seid aus einer so gewissenhaften Generation, – uns allen, scheint es, fallen die raschen Erledigungen ganz anders schwer, ich sah es auch an der Fürstin Taxis und mir, bei ihr ist immer alles so prompt getan, ich verschleppe alle Erledigungen ins Perspektivische, es ist eine Schande. Und ist mein Schaden, wie z. B. diesmal bei den Kofferdecken. Es ist lächerlich, aber ich bring's nicht zustande, die Maße zu nehmen, habe ich einmal einen Zentimeter, so ist der Koffer nicht da, ist der Koffer vor meinen Augen, schwupp hat jemand den Zentimeter weggezogen, ist*

* »Zentimeter« bedeutet in Österreich das Zentimetermaß.

beides da einmal, so ras ich herum und mir fehlt die Zeit. Also ja, eine Schande ist es.

Die Großmama wird nicht vergessen werden; ich lasse ihr aus Triest eine schöne Schachtel Süßigkeiten schicken, die ich selbst neulich ausgesucht habe, das macht ihr doch immer ein wenig Freude.

Ich selbst hörte ja auch von Clara sehr, sehr lange nicht, man muß in Rechnung ziehen, daß sie durch die Behandlung, die sie durchmacht, nie ganz über ihre Zeit verfügen kann –, ich hoffe nur, daß sie gesund ist und Ruth ein frohes Weihnachten hat. Es schadet ja schlimmsten falls nicht, wenn Dein Stoff etwas nachträglich kommt, es ist sogar immer eine besondere Freude für sie, wenn sich noch etwas einstellt zur Zeit wo man meint, es wäre alles da. –*

Nun, meine liebe gute Mama, alles Liebe; ja, aller Voraussicht nach, bin ich auch Neujahr hier, habe vor, mich längere Zeit nicht zu rühren. Dich innig umarmend

Dein René.

Schloß Duino bei Nabresina,
Küstenland. Am 21. Dez. 1911

Liebe gute Mama,
wieder ein Weihnachten: Gott zum Gruß und alles Helle vom Herzen.

Verbring in Deiner Stille ein inniges Fest, genau wie ich

* Clara Rilke war in einer psychoanalytischen Behandlung bei Professor Gebsattel.

in der meinen, jeder auf seinem Zimmer, wir haben das beste Teil, wir können in uns gehen und das ist am Ende das Feierlichste, was sich denken läßt.

Was mir antut ist, daß ich diesmal wirklich mit den leersten Händen zu Dir komme, wirklich völlig ohne alles; zwar gestern ging ein kleines rec⟨ommandiertes⟩-Paketchen an Dich ab, aber es hat nichts zu bedeuten, nicht mal mit dem guten Willen ist es zu entschuldigen; nun bin ich seit acht Wochen hier, wo nichts zu haben ist, ich rechnete auf Triest, aber wenn ich ausgehe etwas zu suchen, komme ich immer leer zurück oder mit dem Falschen.

Also hab alle mögliche Nachsicht, ich konnte nicht einmal meine Kleinigkeiten so verpacken, wie ich es liebe, mir fehlten Bänder usw. die ich sonst in Paris immer zur Hand habe.

Das kleine Büchlein mit den Abbildungen der Werke des Fra Angelico da Fiesole, die so klein sie sind, doch etwas von dem Zauber, von der Gloriole, dieser kniend gemalten Bilder wiedergeben, hat mirs sehr angetan; Du wirst Bekanntes darin mit Freude erkennen und der Wunsch manches noch Unbekannte noch Bevorstehende aufzufinden, wird einen Anhaltspunkt bekommen. Leider ist das Exemplar ein wenig aus dem Umschlag gebrochen, es war so beim Buchhändler, war sein einziges und ein anderes kommen zu lassen, dazu hätte die Zeit nicht gereicht. Auch der Kalender war nicht nach meinem Herzen weil er italienisch ist, aber es war keine Wahl und ich fand ihn unter allen den besten. Also siehst Du, ich bin in der Lage meine ganze Sendung von A bis Z entschuldigen zu müssen, – nun sie ist nicht die Hauptsache, die Hauptsache ist der innere Zusammenhang, auf den ich mich wie immer um 6 Uhr einstelle: dann ist dieselbe Stille in Dir und mir und die heuer umso viel kleinere räumliche Entfernung spielt keine Rolle. Ich denke viel daran, wie es voriges Jahr um diese Zeit in Tunis war, eines der merkwürdigsten Weihnachten wohl, die ich je verbracht habe, mit dieser im letzten Moment gekauften und geputzten Pinie, die dann doch soviel Fest ausstrahlte, ganz grau war sie in dem vielen Licht, das von ihr ausging, und der Spiegel, vor dem sie stand, faßte sie so im Ganzen mit dem Zimmer zusammen zu einer feinen lichtnebligen Atmosphäre und spielte jede Bewegung des Schimmers in den Raum hinein. Und man war fast erstaunt, am nächsten Morgen, draußen immer noch dieses fremde orientalische Land zu finden, das gar nichts von Weihnachten wußte und nichts davon annahm; höchstens die kleine alte katholische Kirche mitten im arabischen Viertel versteckt in einem Häuserhof gelegen, wußte es, feierte und sang mit ihrem ganzen alten Halbdunkel, das etwas von der Heimlichkeit der Catakomben mit sich brachte. –

Wie anders heuer.

Von Clara habe ich lange nicht gehört, aber ich nehme an, daß sie, wie es beabsichtigt war, zu Ruth fährt und vermutlich bis gegen Neujahr in Oberneuland bleibt. Für Ruth habe ich in Triest ein Marionetten-Theater gefunden mit sehr impressionierenden Figuren, ich ließ es hinschikken, hoffe, es kommt zurecht.

Meine liebe Mama, also noch einmal ein recht inniges geistiges Beisammensein in herzlichem Einklang, wie immer im Augenblick des Christkinds, für das man nie zu alt wird und dem man nur insoweit entwächst als es sich den

Kleinen viel deutlicher machen muß und richtig zu ihnen ins Zimmer kommt und stehenbleibt, während es uns nur leise, einen Atemzug lang, durchs Herz streicht, wissend, daß wir nur dort ganz immer voll Erwartung sind und nirgends anders mehr Gaben und Wunder und Zeichen erwarten: als dort.

Damit umarmt Dich, beste Mama, recht von Herzen und so weihnachtlich als möglich

Dein René.

Duino,
am 30. Dez. 1911

Meine liebe Mama,
soeben will ich Deinen eintreffenden Brief aufmachen, da: »ouvrier lundi matin« und erschrocken zieh ich meine Hand zurück. – Unsere Berichte über den Weihnachtsabend haben sich gekreuzt: Ich habe den Deinen mit Freude und Rührung gelesen, so hast Du meine Gaben ihrer Absicht nach verstanden und aufgenommen, – sie schienen mir so wenig geglückt, aber die guten treuen Gedanken und Wünsche kamen immerhin mit ihnen heil und vollzählig zu Dir – und so haben sie ihren Zweck erfüllt.

Laß mich nun rasch auch mit diesen wenigen Zeilen (es reicht heute nicht zu mehr) alles erdenklich Gute meinen und andeuten, das ich Dir zu 1912 entgegenbringe. Du weißt, wieviel das ist, – wir müssen es dem lieben Gott überlassen, die Auswahl zu treffen, aber wenn wir uns nur so halten, daß alles was kommen will durch seine Hände geht, dann wird nichts darunter sein können, was sich nicht schließlich zum Besten wendet und entscheidet.

Geh mit Gott in das neue Jahr, das ist am Ende der Inbegriff aller Wünsche und man kann, wenn man sich recht versteht und aufeinander verläßt, an diesem Tage kurz sein ohne deshalb unvollständig zu bleiben in seinen Wünschen.

Und Gesundheit: Schone und gedulde Dich, ich bin sicher, so befestigst Du Dir langsam dieses kostbarste Gut, in dessen Wiederaneignung Du ja doch Fortschritte gemacht hast. Die seelischen Vorbedingungen werden ja, so Gott will, auch immer konstanter werden: Wieviel ist es im Grunde schon wenn man (wie wir's getan haben) dieses liebe alte Fest in der Einsamkeit sich so friedlich und feierlich bereiten darf.

Von Clara hörte ich nur kurz, daß sie einen schönen Heiligen Abend gehabt haben; für Großmamas Gabe hat Clara eine schöne weiße kleine Kommode gekauft, die zu der Nähmaschine gehört, die von mir kam, der Hauptwunsch war, und mit der Ruth nun sehr glücklich und eifrig beschäftigt ist. Auch ich habe von Großmama mit sehr lieben Zeilen die weihnachtlichen 30 Kronen bekommen, gestern traf auch schon ihr Brief ein, in dem sie mir sehr erfreut, die Triestiner Süßigkeiten bestätigt.

Also nun alles Herzliche und Liebe, meine gute Mama, es umarmt Dich an der Jahresgrenze

Dein alter René.

(Du siehst, wie ich in dieses treffliche Papier vernarrt bin, ich mag mich gar nicht davon trennen).

1912

Ronda,
am 16. Dez. [1912]

Meine liebe gute Mama,
vorsichtshalber schicke ich heute schon den kleinen Brief, mit dem ich in der geweihten Stunde bei Dir zu sein wünsche, denn ich weiß gar nicht, wie lang die Nachrichten nun, seit ich in Ronda bin, unterwegs bleiben und wie die Verbindung mit Italien bestellt ist.

Meinen Brief, der im Augenblick, da ich Deinen VII. erhielt, begonnen war, wirst Du inzwischen erhalten haben, – ich habe mich inzwischen recht gut in Ronda eingelebt, es ist zwar kalt, aber die Reinheit der Gebirgsluft kann nicht anders als wohltun und wenn man friert so heißt's eben spazierengehen, das ist immer ein Ausweg –, und die Berglandschaft liegt so herrlich vor einem aufgeschlagen in der durchsichtigen sonnigen Luft, daß Gehen ebenso verlockend ist wie Lesen in einem schönen offenen Buch. Gestern war ich in den Bergen gegenüber, in der Absicht, die kleine drüben auf der Anhöh' schimmernde Kapelle der Schutzpatronin von Ronda, »Virgen de le Cabejlla« genannt, zu besuchen, kam auch bis hin und genoß des unbeschreiblichen Rückblicks, in dem von da drüben diese einzige Erscheinung, die Ronda ist, sich wie in einer Apotheose präsentierte. Die beiden riesigen Felsrondels auf denen die Stadt aufruht, getrennt durch den tiefen schmalen Abgrund der Felskluft, in der tief, tief unten, die schmale aber lebhafte Kraft des Flusses zu den Mühlen stürzt, um dann weiterhin ruhiger am Fuße der Berghänge hin sich den gelassenen Talweg zu suchen, – das immense Ganze angeschienen von der schon sachte sich senkenden Sonne: so war das Bild, das mir die kleine verlassene Kapelle verschaffte, vor der ich stand; leider war sie verschlossen, vermutlich wäre es möglich gewesen, in einem der nahen Gehöfte Schlüssel und Eintritt durchzusetzen, aber es tat mir an, irgend jemand herbeizuholen und meine schöne Einsamkeit aufzugeben. So ließ ichs für ein nächstes Mal einzutreten, um das uralte Standbild zu betrachten, das der Überlieferung nach, ein Bauer in einer Grotte aufgefunden haben soll, vor Zeiten.

Ich denke viel nach Rom und hätte gern von hier aus etwas direkt hingeschickt, aber Ronda ist in dieser Beziehung der kleinste und dörflichste Ort, der sich denken läßt und durch seine mühseligen und umständlichen Postverhältnisse zu allen Sendungen unbrauchbar, (selbst wenn das Geringste zu haben wäre.)

Nicht einmal ein kleiner Kalender kommt also. Aber alles Innige, Liebe, Treue

Deines René.

1913

Paris, 17, Rue Campagne-Première. XIVe
am 21. Dez. 1913 (Sonntag.)

Meine liebe gute Mama,
wieder führt sich das schöne gütevolle Fest bei uns ein und ich überlasse mich meiner Gewohnheit, es, in der verabredeten Stunde, über die Schwelle Deines Herzens zu geleiten, wo Du ihm selbst einen geschmückten und innigen Raum (den stillsten) vorbereitet hast. Sei der Segen der heiligen Nacht in Deinem ruhigen Zimmer. Ich versuche es, Dir geistig so nahe zu sein, wie ich es als Kind mit meinem völligen Wesen war, wenn wir nebeneinander knieten, um dann überschüttet von Glocken, dem überirdisch erstrahlten Ziel entgegenzudrängen. So sehr war durch die Mühe des guten Papas, jene Freude zu groß für mein unerwachsenes Herz, daß ich heute noch unerschöpfte Ströme von ihr in meinem Wesen entdecke, sowie ich nur jener Erinnerung eine Weile lang nachgebe. Auch ist mir kein Weihnachten, wo es auch war, vergangen ohne daß es hinter meinen geschlossenen Augen für eine Sekunde unbeschreiblich hell wurde und wundersam bewegt. Kommt doch alles Lichte meiner Kindheit in jenen glücklichen Abenden zusammen, da man, in dem schönen Kleide, gleichsam den Engeln verschwistert war und sich zwischen ihnen und der übrigen Welt auf einer schwebenden Insel erhielt, zu der einen die Leichtheit des eigenen Herzens hinaufgehoben hatte.

Laß uns also, liebe Mama, in solchem Gedächtnis den heutigen Abend ernst und heilig nehmen; mich deucht, er kann nicht vergehen, ohne daß das noch immer bewegliche Herz einen kleinen Freudensprung nach vorwärts mache; denn hier, an des Heilands Kindes unerschöpflichen Ursprung hat Freude in ihm zu sein, was sonst auch Besorgtes und Trübes in seiner Tiefe wohne.

Ein freundliches, stilles, hoffnungsreiches Fest!

Zwei kleine Gaben, von hier einzeln abgesandt, werden hoffentlich bei Zeiten bei Dir eingetroffen sein und nun in ihrer Bescheidenheit, vor Dir stehen.

Zur selben Stunde öffne ich die beiden Pakete, die ich hinter mir auf meiner Kommode fühle, und Deinen Brief, der inzwischen ankommen wird. Ich erwarte von ihm Dein liebevolles Gedenken, vor allem aber auch die Nachricht, daß Du Dich wieder wohler fühlst und nicht mehr zu klagen hast.

Wenn Du an Ruth denkst, so zweifle nicht, mit den leisesten Nebengedanken, an ihrer Liebe und Wärme; – sie hegt und hat das alles auf ihre innere und eingeschlossenere Art. Und daß sie so hinlebt, ohne zu einer bestimmten Aussprache und Beteuerung erzogen zu sein, ist am Ende nicht das Schlechteste; umso unmöglicher wird es sie ankommen, je etwas zu sagen, was nicht das unaufhaltsamste Gefühl ihr aufdrängt. Was Clara angeht, so würde sie gegen den ihr liebsten Menschen sich kaum regelmäßig mitteilen können; Du weißt sie hat es *maßlos schwer* mit sich selbst, und man kann, wenn man sie kennt, wie ich sie kenne, nicht anders als im Guten an sie denken, und wenn sie die ganze Welt vergäße und im Stiche ließe.

Ich sage dies nur, damit von *dieser* Seite her möglichst

wenig Trübung, vor allem kein Verdacht, in die tiefe Friedlichkeit des Festes einbräche, das Du im stillen feierst und das innig mit Dir begeht:

Dein alter René.

1914

Weihnachten 1914.

Liebe gute Mama,
da ist nun wirklich das heilige Fest herangekommen unbeirrt durch die trübe schwere grausame Zeit, und steht vor allen Türen, und hinter vielen Türen stehen die Kinder und warten auf seine Ankunft. Etwas von Frieden lag immer in der Winterluft gegen diesen Abend zu, läge doch auch heuer dieses Unsagbare fühlbar da und überzeugte, überführte, überwältigte die erregten heftigen Menschen, die den Tod in die Hand genommen haben und das Unheil wider einander gebrauchen. Der geistige Rufer ist machtlos, fast wie der Herr den Hund nicht mehr in seiner Macht hat, der sich in andere Hunde verbissen hat; die Kirche ist machtlos; Christus selbst kann nichts wider diese Völker –, und doch ist eine Macht über der Welt, die auch *das* umfaßt, was jetzt geschieht und es geschehen *läßt*, weil die ganze Geschichte des Menschen erfüllt ist von einem gewaltigen Geschehenlassen; was hülfe es dem Menschen, wenn Gott ihn aufhielte und ihn an sich zum Stehen brächte; der Mensch soll merken daß, wie weit ers auch treibt, er an keine Grenze Gottes kommt, wohl aber an sein eigenes Ende.

Man fragt sich, kann es heuer eine Weihnacht geben, wo fast allen Häusern Männer, Väter und Söhne entrissen sind, wo in vielen die Gewißheit, in allen die Drohung herrscht, daß sie nicht wieder zurückkehren? Aber Weihnachten ist das innerste Fest und wenn das Haus nicht feierlich genug ist, dann verflüchtigt es nicht, dann schlägt es vielleicht einwärts und sucht sich den innersten Innenraum, in dem auch die Trauer festlich werden kann: das geschütztere Herz. So mein ich, wenn's die Häuser nicht leisten können, die Herzen werden das alte Fest aufbringen in der Winternacht, innen wird es begangen und erhoben und verherrlicht sein, und es ist ja nur ein Fortschritt für alle Feste, wenn sie der äußeren Zurüstung entrückt, im Unsichtbaren sich verwirklichen.

So wünsch ich auch Dir, liebe Mama, daß zu unserer gewohnten Sechsuhrstunde zwar Deine Stube Dich gut und vertraulich umgäbe: daß aber mehr noch als je die Stelle der Lichter und Geschenke, der Gaben- und Gottesplatz ins eigenste Herz Dir verschoben, daß in der stillsten Herzkammer, sicher vor jeder Störung, die Bescherung aufgebaut sei und daß Du sie dort aus den Händen des wiederum kleingewordenen Heilands sicher und dauernd empfingest!

Mein Fest ist schon die letzten Jahre längst so nach Innen verlegt gewesen, und ich glaube, selbst, wenn ich in München geblieben wäre, ich hätte den Abend allein in meiner Stube verbracht als eine Feier der Versenkung, der Herznachdenklichkeit, der Erinnerung. Denn ich bin darauf angelegt, von Kindheit an, ein Einzelner zu sein und keine Familie zu haben und kein Familienfest, – sondern nur ganz weite Zusammenhänge in der ganzen Welt, bin bestimmt, nicht in die Nähe zu fühlen, sondern in die Weite, *das* erst gibt meinem Gefühl seine ganze Macht, Tiefe und Wahrheit. Und so fühl ich nun, wenn Du diesen Brief liest, auch zu Dir hin, meine gute Mama, und Du wirst in Deinem Herzen meine Nähe, ja meine Gegenwart bestätigt sehen, besser, als wenn Du mich mit den Augen der Sinne gewahrtest. Sei innig gesegnet und umarmt.

Dein alter René.

1915

Wien IV. Victorgasse 5 a
am 19. Dezember 1915

Meine liebe gute Mama,
aus großer Nähe diesmal, sogar von österreichischem Boden, kommen Dir meine Weihnachtswünsche, obgleich es nicht sehr wahrscheinlich ist, daß ich von hier aus am 24. zu Dir hindenken werde, so bin ich doch jedenfalls, wenn Du diesen Brief öffnest, zu unserer alten Sechs-Uhr-Stunde, im herzlichsten Gedenken mit Dir, bereit, das heilige Christkind im bereitesten Herzen aufzunehmen. Möge es auch zu Dir, und vor allem zu Dir, tröstlich hell, mit seinem lautersten Segen kommen, liebe Mama, Dich beschenkend: womit?: mit der innigen Gewißheit, daß, wie die Zeiten und Unzeiten sich auch gebärden, das geschützte, das heimliche Herz ein Schauplatz und eine Insel Gottes ist, eine Niederlassung der Himmel, in der Friede sein kann, Hoffnung und heilige Freude, wenn auch die ganze Welt unter Schicksal und Zerstörung steht! Denn wie sehr unser innerstes Wesen auch Mit-Leiden ist mit dem zeitlichen Leidwesen, und Sorge von der unübersehlichen Sorgenmasse, die auf alle Völker ist herabgestürzt und abgeladen worden, und schließlich bedroht sogar von dem jeden Augenblick möglichen Untergang –: so ist doch sein eigentlichstes Erlebnis nicht dieses Zugemutete und Zugemessene, nicht diese heutige und morgige Not, nicht die Bestür-

zung und Trübnis und Überschüttung, ja nicht einmal das eigene Untergehen – –, sondern: Gott. Sondern Gott ist das einzige Erlebnis unseres Wesens in seinem Kerne, in seiner Einheit und Innigkeit; wo wir wirklich erleben, vermögen wir nichts anderes als ihn, den Ansatz und Anlauf zu ihm, denn daß er sich in uns nicht vollzieht und begreift, sondern nur eben anschlägt, das soll uns an seiner Gegenwart nicht irre machen. So stark ist er, daß selbst die stärkste Heimsuchung keine Kraft hat vor ihm; und in der Ahnung schon, in jedem Vorgefühl seines Angesichts ist unser Elend und aller Tod in der Welt überwogen und aufgehoben. Dies soll der Weihnachtsstunde Glanz und Weihe sein, daß wir die Schuldlosigkeit Gottes zugeben im Bilde des menschlichen Kindes: so wie dieses hereingerät in die Mutter und in den blutlichen Bezug und sich muß gebären lassen in ein vertrauliches Fremdes hinein, so kommt Gott, inwissend, in unserem Geiste zur Welt und wird verstrickt und verbildet darin und hineingeschlossen wie das Kind in seine unsägliche Kindheit. Wenn aber das irdische Kind abgeht von sich und sich selber ausgeredet wird, und zögernd oft nur ein Zehntel seines Wachstums erreicht unter den Menschen –, nicht so das Kind Gott, das in unserem Geiste wahr und gewaltig ist und sein vollkommenes Leben hat über unseren Geist hinaus, aber immer wieder geboren in ihm, immer wieder sich rührend in ihm, in ihm seine ersten Schritte versuchend.

So sei, liebe Mama, auch heuer, die gemeinsame Besinnung unserer Weihnachts-Stunde. Lies, (wie ich sie denke) diese Fortsetzung unseres alten Weihnachts-Gebets am Eingang des heiligen Augenblicks, da das Kind uns des unendlichen Wachstums gemahnt und der glorreichen Macht seiner innigen Schwäche. Segen mir Dir, liebe Mama.

Treuen Gedenkens Dein alter

René.

1916

München, Keferstraße 11
Letzte Woche vor Weihnachten 1916.

Meine liebe gute Mama,
wieder einmal ist unsere heilige Weihnachtsstunde da, mit der ich so alte Gemeinsamkeiten der Kindheit aufnehme und begehe, laß uns sie im friedlichsten Einverständnis feiern: die alte Sechsuhrstunde. Als ich Dir vor einem Jahr, von Wien aus, meinen Weihnachtsbrief sandte, da dachte ich unwillkürlich, die nächsten Weihnachten würde, *müßte* die Welt wieder im Heilen sein. Sie ist es nicht, und wenn das Bewußtsein ihres unaufhörlichen Wund- und Geschlagenseins über jedem Tag liegt, über jeder Nacht, wie sehr erst erfüllt und erschwert es das Erlebnis gerade dieses, des Heiligen Abends, des Abends, an dem zu Erden das Heil geboren wurde, das mißkannte, mißhandelte, geopferte Heil der Welt. Voriges Jahr gab es keinen in der Victorgasse, und ich weiß nicht, ob ich heuer den Glanz eines Christbaumes ertrüge, ja ob nicht das mindeste Geschenk zum Gewicht würde in meiner Hand. Es ist so viel Schwere in der Luft, daß sie in jeden Gegenstand schlägt, den man zu fassen und zu halten genötigt ist –, und das Scheinen und Flackern jedes Lichts, weit entfernt ein Schimmer zu sein, nimmt die Bedeutung der namenlosen Unsicherheit an, in der wir leben. Wer hat das Herz, eine Feier aus sich aufzubringen, wer wird die Kraft haben zum Weihnachtslied anzusetzen? Wer wird knieen dürfen und

nichts als feierlich sein? Neben dem Feiern ist in jedem das stumpfe Trauern, und die Stimme, die das Weihnachtslied zu heben hat, hat an der Klage vorbeizugehen. Und das Knieen, das Erhebung bedeutet, ist dasselbe Knieen, das Unterwerfung ausdrückt unter den Druck eines den ganzen Raum ausfüllenden Schicksals. Und doch, liebe Mama, indem uns noch einmal zugemutet wird, in so schwer verhängter Welt das heilige Fest hinzunehmen, wird die Probe an uns gerichtet ob wir über uns hinaus zu feiern verstehen. Denn nicht *uns* feiern wir in diesem heilhaft geborenen Kind, sondern die Kräfte des höheren Geistes. Auch nicht seine Wendung zu uns, denn wir haben sie verschmäht und verleugnet und haben ihn nicht zur Einkehr zugelassen. Den Geist selbst, seine lautere Verwandlung in ein sichtbares Kind, seine Einsamkeit und Unschuld, sein Bei-uns-in-Gefahrsein beten wir an und begehen es im erhobenen Gemüt. Wir haben nichts gemein mit diesem göttlichen Kinde, als daß wirs grade noch wahrnehmen, wie die Könige und die erstaunten Hirten den Stern wahrnehmen, der über seiner Ankunft in den Himmeln ging. Dieses Kind in seiner unübertrefflichen Armut ist für uns die äußerste Stelle der Welt, das Ende unseres Augenlichts, das Fernste unseres Herzens: darum ist es so klein, ist ein Kind aus Entfernung, und wächst uns nicht auf als am Kreuze, das mitten in unserem Herzen steht. Und doch vielleicht befestigt der Zwang ein solches Fest in solcher Zeit zu feiern (das Fest der Unschuld mitten in einer Welt verstricktester Verschuldung) vielleicht bestärkt diese Not in uns den Entschluß, nie das Unsere zu preisen, sondern an den Weiten unseres Wesens uns zu heiligen. Und so sehr ich mich unfähig fühle, Weihnachten in meiner Stube anzurichten, säß ich in der Mitternachtsmette oben an der Orgel, ich stimmte gleichwohl den stärksten Psalm an und priese die unerschöpfliche Weihnacht. Nicht die meine und nicht die der Gemeinde unten, nicht das Stück von ihr, das Platz hat in unseren gedrängten Herzen, ich spiele und preise die Weihnacht des Ewigen, die Weihnacht im Raum, die Weihnacht zwischen den unerschütterten Sternen!

Dir, liebe Mama, sei heuer unser gemeinsames Gedenken und Gebet, das uns vereine und in einander erfreue. Ich bin Dir in solchem Geiste nah

als Dein alter

René.

Und wirklich nur *ein einziges* Päckchen: der gewünschte Kalender!

1917

München, z. Zt. Hotel Continental,
am 19. Dezember 1917.

Meine liebe Mama,
nun schick ich mich an, Dir meinen Weihnachtsbrief zu schreiben: möge die liebe vertraute Stunde uns zu Herzen gesegnet sein! Mit herzlichem Leid vernehm ich Dein anhaltendes Kränklichsein unter so schwierigen, nahezu unerträglichen Umständen; es gibt da nur die Tröstung, daß das Schwierigste nun sicher überstanden ist, daß wir dieses Weihnachtsfest, zwar noch in Besorgnis und Not, doch umso vieles zuversichtlicher und erleichterter feiern dürfen, als die drei vorher, da diesmal wirklich das Wort Frieden über einem Teil der Welt aufgegangen ist, im Osten wie ein Gestirn, man darf annehmen, daß es bald weiter steigen und nächstens allen bösen Willen und Unwillen überstrahlen wird.

Segen also für Dein Weihnachten, liebe Mama. Daß Dir doch, trotz aller Kümmernis rein und feierlich zu Mute sei. Mein Gedenken erreicht Dich wie immer um die gewohnte Sechs-Uhr-Stunde, und umgibt Dich mit herzlicher Nähe und Erinnerung. Möge ein kleiner Baum über Deiner Krippe scheinen. Zu Deinen Geschenken kann ich heuer wirklich nur diesen Brief hinzulegen; die Sendung aller Dinge ist erschwert und das Buch, das ich Dir zugedacht habe, wird womöglich erst nach dem Fest bei Dir sein können, da ich erst die Ausfuhrerlaubnis dafür einholen muß. Aber Du fühlst auch ohne einen solchen greifbaren Beweis meine Teilnahme zu Deinem Fest, wenn nur, was ich hoffe, dieser Brief noch rechtzeitig in Deinen Händen sein wird.

Die Bitternis, die ich Dir wiederum mit meinem anhaltenden Schweigen bereitet habe, möge in der Helligkeit Deines feierlich gestimmten Gemüts nicht weiter zur Geltung kommen. Es ist eine Krankhaftigkeit bei mir, daß die Hemmung dieser Zeit mir ganz und gar die Schreibhand lähmt besonders während dieses unerwartet langen Aufenthaltes in Berlin war ich ganz auf *mündlichen* Verkehr eingestellt und es gab einfach kein Schriftliches für mich. Dieser Abend ist nicht der Moment, Dir von meinen berliner Erlebnissen zu berichten, – ich habe sehr, sehr viele Menschen gesehen, was ja auch der Sinn dieser Wochen bleiben sollte.

Aber heute ist nicht die Zeit von Menschen zu sprechen, seien es auch gute und hülfreiche, wie ich deren viele getroffen habe. Heute wollen wir uns finden im Bewußtsein des herzlichen Heilands, der den Menschen immer wieder zur Welt geboren wird, um ihnen immer wieder die Möglichkeit einer tiefen Verjüngung und Geburt mitten im abgestorbenen Winter anzubieten. Laß uns friedliche und zuversichtliche Gedanken fassen, liebe Mama, und alles Eingestürzte und Verfallene in uns erfahre seine reinste Erbauung im Glauben an ein Heil, nach dem wir namenlos verlangen und nach welchem vielleicht alle Menschen entschlossener und leidenschaftlicher greifen werden, wenn das Unheil und die Heimsuchung dieser Schreckensjahre zu Ende geht.

Ich umarme Dich, liebe gute Mama, aufs Kindlichste

und bitte Dich, mir alle Apathie und allen Mangel an tätiger Liebe zu verzeihen; es fehlt mir an Kräften der Ausgabe und Mitteilung; es ist mir, als könnte ich diese Zeiten nur überstehen, indem ich völlig schweige und an mich halte ganz und gar.

Gott helfe uns tief im Herzen.

Weihnachtlich Dein alter

René.

1918

Am 2. Advents Sonntag.
1918

Meine liebe gute Mama,
ich setze die Feder wieder einmal zu unserem Weihnachts-Beisammensein an: Segen Deinem zur Feier gestimmten Herzen! Mögest Du die Kraft und die Sammlung finden, unsere alte heilige Sechs-Uhr-Stunde in stiller Hingabe zu begehen; meiner Nähe und Mitwirkung an diesem innigen inneren Augenblick darfst Du, gute Mama, wie immer auch diesmal zu Herzen versichert sein. Ich werde allein und ruhig in meiner Stube feiern, werde die Bibel aufschlagen und den Frieden feiern, der uns endlich gegeben ist, wenn auch nicht so rein und in einem Zuge atembar, wie wir ihn manchmal erhofft haben. Aber es war vielleicht kindisch anzunehmen, daß ein so vielfältiger Zustand von Zerstörung und Wirrsal von einem Tag zum anderen in einen lauteren, in ein reines durchsichtiges Gegenteil könne verwandelt werden. Wie der Krieg von seinem zweiten dritten Tag an ein Trübes war, so ist zunächst auch der Nicht-mehr-Krieg ein Unklares und Mißfarbiges, denn das Gegenteil von so Häßlichem und Bösem kann auch wieder nur ein Zweideutiges und Unreines sein. Erst wenn eine gründlich heimgesuchte Menschheit, außerhalb von Beidem einen Boden findet, auf dem sich, ohne es noch zu wissen und zu wollen einer neben dem anderen finden wird, wird der neue Anfang, wird

die Erleichterung, wird die reinere Zukunft (Gott lasse uns ihren ersten Anfang noch erleben!) möglich sein! Zunächst sind wir aus einer anstehenden und stumpfen Sorge, die in vier unbewegten Jahren dicht und massig geworden war, in eine schwankende und widerspruchsvolle Besorgnis gestürzt, die umso verwirrender ist, als wir auf die unmittelbarste Entlastung meinten hoffen zu dürfen. Es wird sicher arge Jahre geben, die Prüfung der Völker hört nicht auf, ja man könnte versichern, daß sie jetzt erst recht eigentlich einsetze; bisher war ihnen ja nur ein Diktat aufgegeben, jetzt aber stehen sie, steht jeder Einzelne vor Fragen und soll antworten, soll verantworten –, und wehe dem, der jetzt unvorbereitet und unrein ist: er wird ohne Ende verworfen sein.

Wenn wir, liebe Mama, dieses Weihnachten mit den vier letzten vergleichen, so scheint es mir doch unsagbar viel hoffnungsvoller. So sehr die Meinungen und Bestrebungen auseinandergehen –, sie sind frei geworden, und wäre die Müdigkeit, die einfach schwere Erschöpfung nicht so aufs Äußerste getrieben, so würde man dem Willen gewähren, der in Millionen Herzen steht, wie Wintergetreide, auf das erst noch der Schnee fallen soll; zwar sind wir noch vom sichtbaren Wachstum durch Zeiten augenscheinlicher Not und Kälte getrennt, aber was später in Halmen stehen wird, einmal, in der nächsten besseren Jahreszeit der Menschen, das wird lauter guter Wille sein! Segen, liebe Mama, zu unserer Weihestunde, zu der ich Dir innig in altem Gedenken und Feiern angeschlossen bin.

Dein alter René.

1919

Grand-Hôtel Locarno, Schweiz, (Tessin).
am 14. Dezember 1919

Meine liebe gute Mama,
Sonntag, und zehn Tage vor Weihnachten: da will ichs nicht aufschieben, die Worte zu bedenken, die uns in der gewohnten Sechs-Uhr-Stunde des Heiligen-Abends verbinden sollen. Zwar sollte man aufatmen dürfen. Wer hätte nicht dazu angesetzt, nach den entsetzlichen Jahren. Aber nun erweist es sich, daß man aus dem Argen nur über das Ärgste hinüber zur Erleichterung kommt, die Heilung der Welt wird lange Zeit brauchen und die ersten Anfänge ihrer Konvaleszenz sind noch mit allen Symptomen jenes tötlichen Leidens behaftet, in das Blindheit, Eigensinn und falscher Wagemut sie gestürzt haben. So daß meine Weihnachtszeilen kein Jahr von soviel Sorgen begleitet waren, wie gerade heuer! Dazu kommt: ich weiß so wenig von Dir, und es nützt nichts mehr zu wissen: denn ich könnte doch in keiner Weise die Bedrängnisse und Übelstände mindern, von denen Du in Prag umgeben bist, und es würde mich nur noch ratloser machen, alle die Détails zu kennen, die Dein Leben vielleicht zu einem von Tag zu Tag trüben und bedrückten machen in ihrer kleinlichen Unausweichlichkeit. Sooft ich jemanden aus Böhmen sehe, bedränge ich ihn mit Fragen, und es tröstet mich jedesmal zu vernehmen, daß die Umstände doch immerhin günstig sind, als in den übrigen Teilen des früheren Österreich;

was man von dem heimgesuchten Wien hört, ist zum Erbarmen!

Ich habe nun solange keine Nachrichten von mir gegeben: mein Leben war das unruhigste und veränderlichste während mehr als eines Monates. Ich hatte einen oder zwei Vorlese-Abende in Zürich angesagt, andere Einladungen stellten sich ein –, und so sinds nach und nach sieben geworden, mein Weg führte durch die meisten größeren Schweizer Städte und ich habe mir dadurch, daß ich nicht allein aus meinen Büchern die eine oder andere Arbeit vortrug, sondern auch durch jeweils improvisierte, frei gesprochene Einführungen mein Publikum instand setzte, das Gebotene vorbereiteter aufzufassen, soviel Anteil und Bezug zu schaffen gewußt, daß es vielleicht, gegen das Frühjahr zu, noch zu einer zweiten Serie von Vorlesungen kommen dürfte. Das schweizer Publikum ist als zurückhaltend bekannt, umso ernster darf man seine Teilnehmung empfinden, wo es sich zu ihr entschließt: ich habe diese Freude gehabt, sowohl im großen Allgemeinen an den Abenden selbst, als auch innerhalb der freundlichen und zum Teil freundschaftlichen Beziehungen, die mein öffentliches Auftreten mir da und dort (besonders in Basel, Bern und Winterthur) eingetragen hat. Ich zögere nicht, liebe Mama, diese gute Nachricht in dem Briefe unterzubringen, den Du in geweihter Stunde lesen wirst. Ist sie doch eine herzlich-gute und nicht unbedeutend, wenn man bedenkt, daß ich mit dieser Leistung mein Leben recht eigentlich wieder in seiner größeren Geltung aufgenommen habe, nämlich universeller, außerhalb jener engen unnatürlichen Grenzen, in die es nun durch Jahre eingezwungen war. Welch Freude, welche Befreiung war es für mich, beim Vortrag von Übersetzungen das französische oder italiänische Original neben meiner Übertragung vorzulesen! : ein Versuch, der ja in der Schweiz des besten Gelingens sicher war. Könnte ich doch, in dieser und ähnlicher Art, soweit es an mir liegen darf, an der allgemeinen Versöhnung und Besinnung mitwirken!

Liebe Mama: ich komme mit leeren Händen, – aber ich darf Dir wenigstens diese leeren Hände im Bilde schenken und mein Gesicht dazu, – *das sei mein Christkindl zu Weihnachten 1919!* Vier kleine Bildchen: auf einem siehst Du unsere kleine Gesellschaft in der Ermitage zu Nyon, meine gute Gastgeberin, die Gfn. M. Dobrčensky (mit dem Hund), ihr kleiner Sohn (der auch den Vater im Krieg verloren hat), im Hintergrund eine Cousine der Gfn., Baronesse L. Mallowetz, die vorübergehend dort war. Was mich betrifft, so ist dieses Bild das am wenigsten Gelungene; für das beste halte ich das, wo ich, auf der Bank sitzend, aufgenommen bin. (Wie scheint es Dir?) Nun steh ich viermal um Dich, liebe gute Mama; (die Bilder sind neu, ganz Ende Oktober aufgenommen, am Tage ehe ich meine Tournée antrat.) Und so laß die kleinen freundlichen Bilder das innere Bild ergänzen, das mit Dir unser altes feierliches Fest begeht. Sei Dir die gebende Christ-Stunde gesegnet! Beschenke sie Dich, liebe Mama, mit innerster Tröstung und Zuversicht, mit Frieden und mit der unaufhörlichen Frohheit der Engel-Stimmen, die in dieser Nacht alles durchdringen und übertönen!

Es umarmt Dich Dein alter

René.

1920

Schloß *Berg am Irchel* Kanton Zürich Schweiz, am 17. Dezember 1920

Meine liebe Mama,
wieder zu unserer gesegneten Stunde das liebevollste Gedächtnis vergangenster Weihnachtstage, und der Wunsch, es möchte Dir nun, nach so böser Zeit, mit jedem Jahr stillere Feste, friedlichere und endlich auch wieder solche in einem kleinen, wirklich eigenen Heim vergönnt sein!

Da dies ausgesprochen ist, ist eigentlich alles ausgesprochen, denn nun heißt's nicht lesen, sondern *in-sich-gehen* und der heiligsten Feierstunde des Jahres die Krippe im eigenen Herzen bereiten, daß sie drin, und der Heiland in ihr, recht innig wieder zur Welt kommen möge!

Was ich Dir wünsche, liebe Mama, ist, daß an diesem weihevollen Abend, das Erinnern aller Not, ja das Bewußtsein der nahen Sorge und Unsicherheit des Daseins ganz aufgehalten und gewissermaßen aufgelöst sein möchte in jenem innersten Wissen um die Gnade, der ja keine Zeit zu dicht im Verhängnis und keine Bangheit so verschlossen ist, daß sie nicht zu *ihrer* Zeit – die *nicht* die unsrige ist! – einzutreten und das scheinbar Unüberwindliche mit ihrem milden Sieg zu durchdringen wüßte. Es gibt keinen Moment im langen Jahre, wo man sich ihre immerfort mögliche Erscheinung und dann Allgegenwärtigkeit so lebhaft ins Gemüt zu rufen vermöchte, wie diese über die Jahrhunderte hin unabhängige Winter-Nacht, die durch die unvergleichliche Hinzukunft jenes alle Wesen umwandelnden Kindes die Summe aller übrigen Erdenmächte an Wert mit einem Schlag überwog und übertraf. Mag der leichte Sommer, wo das Dasein um ein Beträchtliches erträglicher und mühloser scheint, wo wir nicht so unmittelbar Anfeindung aus der Luft und aus der heiter beschäftigten Natur uns zu erwehren haben –, mag der glücklichere Sommer uns mit Tröstungen verwöhnen, – was sind sie alle gegen die unermeßlichen Trost-Schätze dieser außen unscheinbaren, ja armen Nacht, die nach innen zu plötzlich offen steht, wie ein Alle umfassendes und wärmendes Herz und die wirklich mit Schlägen ihres glockentönigen Herzens antwortet auf unser Hinein-Horchen in den innersten Gewahrsam!

Alle Verkündigungen der Vorzeit reichten nicht hin, *diese* Nacht anzusagen, alle Hymnen, die zu ihrem Preise gesungen worden sind, reichten nicht an die Stille und Spannung heran, in der Hirten und Könige niederknieten –, so wie ja auch wir, keiner von uns, je imstande gewesen ist, während diese Wunder-Nacht ihm geschieht, die Maße seines Lebens anzugeben.

Es ist so recht das Mysterium von dem knieenden, von dem tief knieenden Menschen: daß er größer sei, seiner geistigen Natur nach, als der stehende! welches in dieser Nacht gefeiert wird! Der Knieende, der sich ganz ans Knieen gibt, verliert allerdings das Maß seiner Umgebung, selbst aufschauend wüßte er nicht mehr zu sagen, was groß und was klein ist. Aber ob er gleich in seiner Abgebogenheit kaum die Höhe eines Kindes hat, so ist er, dieser Knieende, doch nicht klein zu nennen. Mit ihm verschiebt sich die Skala, denn er, indem er der eigentümlichen Schwere und Kraft in seinen Knieen folgt, und die Stellung einnimmt, die sich zu ihnen hinbezieht, gehört bereits zu jener Welt, in der Höhe – Tiefe ist, – und wenn schon Höhe unserem Blick und unseren Apparaten unermeßlich bleibt –: wer ermäße die Tiefe?

Dieses aber ist die Nacht der aufgetanen strahlenden Tiefe –: möge sie Dir, liebe Mama, geweiht und gesegnet sein. Amen.

Für die Sechs-Uhr-Stunde der
Weihnacht 1920.

René.

1921

Château de Muzot sur *Sierre* Valais
am letzten Advents Sonntag, 1921

Meine liebe gute Mama,
kann es wirklich schon ein Jahr sein!? Ich sehe mich noch so deutlich an meinem Schreibtisch im stillen Berg sitzen, um Dir zu unserer Sechs-Uhr-Stunde jenen Brief »vom Knieen« zu schreiben (mir ist, ich weiß noch einzelne Worte daraus –) und schon ist es wieder so weit, unsere Christ-Baum-Stunde eines anderen Jahres vorzubereiten!

Hier bin ich, liebe Mama, auch zu *diesem* Weihnachten und schließe mich, wie seit je, Deinem festlichen Gebete an und bitte, wie seit je, drinnen eingeschlossen und hochgehoben zu sein in den alten heiligen Glanz dieses feierlichsten Abends. – Laß uns, wie immer in diesem Moment der vielfachen Bedrängnis, die die äußeren Verhältnisse immer noch so nahe rücken, fast an jenes Leben heran –, unrecht geben; in diesem Augenblick sei sie nichts als Vorläufiges, Vergängliches, – und was ihr gegenüber aufgeht und sie überwiegt, sei jenes Innerste in uns, das von ihr unberührt geblieben ist, jene tiefste, reinste Mitte unserer Natur, aus der uns zeitlebens nichts als Schutz gekommen ist, Stille und Überwältigung zur Zuversicht. Dort, im Centrum seines Gemüts, das ihm selber sooft unzugänglich bleibt, feiert der Christ Weihnachten, und sein Fest hängt einzig daran, ob er sich die Gnade erhalten hat, dort, in seinem Allerinnersten eintreten, dort einen Augenblick still sein, dort auf eine unsäglich feierliche Art zuhause sein zu dürfen. – Was *mich* angeht, so habe ich es, in meiner entlegenen Zuflucht, besser als Du, wenn ich in der verabredeten Stunde, um unseretwillen und für mich selbst, den Zugang zu diesem Allerheiligsten im eigenen Wesen werde finden wollen: denn hier unterstützt mich alles darin: dieses alte manoir, das sogar, das sogar auf dem Niveau meines Arbeitszimmers, dicht neben mir, jenen kleinen Raum enthält, der immer noch »die Kapelle« heißt, obgleich er leer steht seit lange und nur eine eigentümlich, mit der Hand gewölbte Fensternische die Stelle anzeigt, an der einmal vor drei, vierhundert Jahren der Altar gestanden haben mag. Aber nicht genug daran, über den Weg hinüber seh ich aus meinen Fenstern, die ländliche Kapelle der heiligen Anna, ein kleines verlassenes und doch immer noch von einzelnen Anhänglichen besuchtes Heiligtum, das immer zum Schlosse Muzot gehört hat und sich an der gleichen Stelle erhebt, an der früher die größere Kirche stand, deren letzter Geistlicher, im 17. Jahrhundert, der später seliggesprochene, jetzt noch im ganzen Wallis verehrte Matthias Will war. Und nicht allein dies hilft mir zur inneren Sammlung: wie in einem Sternbild verteilt stehen über und unterhalb Muzot alle die weißen länglichen Kirchen, alle mit ihren reinen Glocken und ihren lieblichen Glockenspielen; und geh ich aus, so gibt es keine Wegkreuzung, die nicht durch ein stilles Holzkreuz, keinen Hügel weithin, der nicht durch ein kleines Gotteshaus bezeichnet wäre. So werd ich vielfach unterstützt sein diesmal im In-mich-gehen der heiligen Stunde, und allen diesen Beständen ringsum, wirst

Du, liebe Mama, von meinem ganzen Herzen aus aufgeboten und anempfohlen sein.

Aber auch Dir, die Du ja immer die unbeirrbare Stärke hast, den Weg in jene innere Helle zu finden, in der nun Weihnachten wird, in diesem ganzen inneren Augenblick –, auch Dir wird es, obwohl von Außen die Sorgen Dich so viele näher bedrängen, nicht schwer sein, Dich auf den reinsten und lautersten Platz im inneren Gemüt zurückzuziehen, um dort das Mysterium des kleinen Heilands zu feiern, dessen Macht damals am herrlichsten und unschuldigsten war, da er schon in der Krippe lag: zur Welt gekommen –, und die Welt noch nicht zu ihm. *So* darf ihn heute, wer ein stilles, nicht zu sehr flackerndes Herzlicht hat, gewahren und anstaunen und anbeten!

Ein gutes, heiliges Fest, liebe Mama!

Dein alter René.

1922

Château de Muzot sur Sierre, Valais
am 18. Dezember 1922.

Hier ist, liebe Mama, der Gruß unserer gemeinsamen Sechs-Uhr-Stunde, der immer gleiche, von Jahr zu Jahr getreue. Möge er Dich in der tiefen freudigen Innerlichkeit finden, in der wir seit je diesen Augenblick begangen haben, der der zuversichtlichste des Jahrs zu sein verdient. Die Geburtsstunde des Heils! Ich fühle, Du versenkst Dich tief in das liebe, sooft erfahrene und geahnte Wunder und empfindest in der unendlichen Geborgenheit seiner Anschauung die reine Unberührtheit unseres Herzens, und wie's, wenn wir nur die Kraft haben, es ab und zu in das Licht zu halten, in die Mitte des Lichts –, wie's dann gefestigt und gefeit ist gegen alle Angriffe des Elends und der Verlassenheit.

Es ist mir von Jahr zu Jahr ergreifender, wie Du, liebe Mama, es vermocht hast, mit so angegriffenem und leidendem Körper, eine solche Stärke und Beständigkeit des Herzens wider die eindringlichsten und schwierigsten Umstände zu bewähren, wieviele an Deiner Stelle wären verzweifelt, während Du doch eigentlich, wenn ichs bedenke, in Deinem unausgesetzten Kampfe immer stärker geworden bist, ja recht fühlbar *froher* und Dir, obwohl das Leben seine trübsten Seiten Dir zugekehrt hielt, doch, unbeirrt, eine Freudigkeit und Zustimmung aus den inneren Vorräten Deines Wesens zuströmte, die nicht zu erklären ist mit den Mitteln menschlichen Verstandes, und die ja auch unerklärt und wunderbar bleiben soll ein für alle Mal. Aber es ist heute der Abend vom Wunder zu reden, angesichts des Wunders der heiligen Krippe, aus dem Dir, da Du nicht aufhörtest es unter allen Umständen zu verehren und anzubeten, diese Fülle geflossen ist! – So laß uns, liebe Mama, auch heute, wie seit Jahrzehnten, wie in meiner kleinsten Kindheit, staunend und freudig vor diesem heiligen Geheimnis vereinigt sein: wie sehr der gute Papa das Geschenkzimmer vorzubereiten wußte, so daß das Kinderherz hoch aufschlug beim Aufspringen der Flügeltür und meinte, wie von einer Welle der Erfüllung überwältigt zu sein. Aber wie viel gewaltiger noch, je mehr dieses eine kindliche Herz wächst und zunimmt, wie ungeheuer überlegen auch noch in ihm, dem erwachsensten Herzen, bleibt diese verschwenderische jede seiner Erwartungen überfüllende Welle, wenn sie nun nichtmehr aus dem heimlich ausgestatteten, plötzlich eröffneten Zimmer, nicht mehr vom übervollen Gabentisch, sondern von der kleinsten unscheinbarsten Stelle herüberschlägt, an der wir das Weihnachtslicht anzünden. Die Erscheinung des lieblichen Wunders durfte kleiner, geringer werden, weil wir dahingekommen sind, über dem mindesten Zeichen seiner Gegenwart, den ganzen Glanz *in* uns, in unserem festlichen, geordneten Gemüt wahrzunehmen. Die Bescherung hat draußen nur ein Tischchen für sich, aber die lange Tafel der Erfüllungen steht nun in unserem Herzen, umgeben von einem Glanz, der auch noch die Erinnerung an den schönsten Christbaum der Kindheit übertrifft.

Wenn in Mitten dieses unseres stillen Beschenktseins,

wo alles erfüllt und befriedigt scheint, ein meiniger Wunsch sich geltend machen dürfte, so wäre es *dieser*, liebe Mama, daß die Umstände es endlich erlauben, daß Du die nächsten Weihnachten in jenem kleinen eigenen Heim feiern möchtest, das Du Dir so lange wünschst und das sich, wie ich zuversichtlich hoffe, der Hausverkauf gelingt, nun doch an irgend einer Stelle wird verwirklichen lassen! – In dieser Zuversicht, liebe Mama, sei unter den Weihnachtslichtern herzlich umarmt von Deinem alten – in der gleichen Stunde feierlich Dein gedenkenden –

René.

1923

Château de Muzot sur Sierre, Valais
Vor Weihnachten 1923

Zur lieben feierlichen
Sechs – Uhr – Stunde!

Meine liebe gute Mama,
unsere herzliche Sechs-Uhr-Tradition hat lauter frohe und treue Eigenschaften: aber ist es nicht eine der schönsten, die sie uns zugutekommen läßt, daß wir uns nicht allein, jedes Jahr, die alte Weihnachtsfreude schenken, gegenseitig, sondern, daß dieser zwischen uns vertrauliche Gebrauch auch noch die Weihnachts-Vor-Freude aufleben und dauern läßt, die vor der geschlossenen Tür verhaltene, die immer von so starker herzklopfender Bedeutung war! Denn indem jeder von uns, infolge der Entfernung, die unsere Briefe zu überwinden haben, genötigt wird, indem er schreibt, sich einige Tage vor dem Fest schon seine ganze heimliche Gegenwart vorzustellen, ja aus ihr heraus, das zu fühlen, was den Anderen: Dir! – die Sechsuhrstunde betonen und erfüllen soll, ist er unversehens in der großen reichen Vor-Freude drin und spricht mitten aus ihr. Von nirgends her ist ja die Freude erkennbar und ergreifbar als von der Vor-Freude aus. Also, meine liebe Mama, da bin ich, in ihr, in dieser wohlbekannten Vorfreude, die Freude sein wird, wenn Du dieses liest und mich, im Innern dieser Zeilen, in Deine Arme schließest. Aber laß

mich noch eine Weile bei der Vorfreude bleiben. Die habt Ihr mich ja, Du und Papa, in einer unvergleichlichen Weise, gelehrt, mittels der Vorbereitungen und Überraschungen, die bei uns zu diesem Fest gehörten. Was schlug mir das Herz, vom Geburtstag an, über den St. Nikolaus-Tag auf Weihnachten zu, und wie steigerte sich diese seine Erregtheit immer noch mehr, am 21ten, am 22ten, am 23ten, bis am seltsam ausgesparten Nachmittag des 24ten, in seinem nicht mehr zu steigernden Sturm jene Wind-Stille eintrat, die im Menschlichen mit dem Zuviel beginnt, und in deren reine Atemlosigkeit dann die Glokken, die Glockenspiele eindrangen, die dem Aufspringen der Türen zuvorflogen durch die Dämmerung des unvergleichlichen Wintertags. Vielleicht bin ich deshalb, meine liebe Mama, ein solcher Rühmer der Freude geworden (sie dem Glück, auch noch dem, was die Menschen ein großes Glück nennen, unbedenklich vorziehend), weil Ihr mich zu so großer Vorfreude erzogen habt und an diesem einen Tag, in dem so viel Erfüllung geheimnisvoll zusammenkam, meinem Herzen zumutetet, in der Leistung der Vorfreude, ein Maß der Freude anzunehmen, das völlig unaussprechlich war. Die Freude selbst war es dann ja auch: unaussprechlich. Vielleicht schlug in sie etwas Verwirrung hinein, etwas Taumel fiel über sie her, etwas selige Müdigkeit beschlug sie ... so daß man in ihr nicht mehr so klar, nicht mehr so rein leistend war, nicht mehr so unbeschränkt aktiv wie in dem engelhaften Wehen der Vor-Freude. Dort ging man, man stieg –, hier, in der Freude, war man über einen äußersten Rand gehalten und meinte nicht anders zeitweise, als zu fallen, weich und tief zu fallen. Denn, wer weiß, vielleicht ist das Leben so unendlich diskret, daß die Freude schon Einbildung ist: vielleicht ist ja das ganze Irdische, in seiner letzten Zusammenfassung, in der auch noch der größeste Schmerz, als eine Einzelheit, untergeht, nichts als eine einzige Vor-Freude – und die Freude, die uns hier überträfe, wartet anderswo.

Feiern wir, meine liebe gute Mama, heuer in diesem Sinn unser stilles gemeinsames Fest; lassen wir's, was die Geburt des Heilands ja auch war, das Fest der Vorfreude sein. Denn die Freude war die Erlösung, war die Auferstehung, war die Himmelfahrt: und siehe: diese Ereignisse und Offenbarungen der letzten Freude, der äußersten, übertrafen sogar Maria so sehr, daß sie ihr nur noch als ein seliger Schmerz faßbar waren.

In diesem Sinne lies auch meine beiden neuen Bücher, die Arbeiten meines vorletzten, (des ersten) Muzot-Winters: als einen Versuch, irgendwie Leben und Tod in einer übergroßen Freude, die ohne Namen bleibt, zusammenzufassen und alles, was uns hier geschieht, so auszusprechen, daß es sich feiern läßt, wie eine Vorfreude, um des Zitterns um der Erwartung, um des Geheimnisses willen. Amen! Und so knieen wir wieder nebeneinander, liebe Mama, und erkennen die Eine Quelle des Segens und bitten, gesegnet zu sein.

Dein alter René.

1924

Val-Mont. Glion
am 17. Dezember 1924

Meine liebe Mama,
ich schreibe das Datum und seh dabei, daß es gerade noch eine Woche ist bis zu unserem Abend, bis zu unserer lieben Sechs-Uhr-Stunde. Trotzdem schreibe ich heute schon, liebe gute Mama, die Worte, die unserer gemeinsamen Weihestunde zugedacht sind: mein Brief, in den sie eingelegt sind, wird Dir gesagt haben, warum. Und obzwar es nicht ganz leicht ist, sich jetzt und hier (und obendrein an einem sonnigen Tag!) Weihnachten, den heiligen Abend vorzustellen, so ist mir doch die Stelle schon erreichbar, wo sich, im Herzen, jedes Jahr *unser* Christ-Fest abspielt; an *diese*, liebe Mama, zieh ich mich zurück, um mit Dir zu sein und von dort aus sind meine Worte und Gefühle jetzt schon die, mit denen ich, eine Woche später, Dich zu umgeben wünsche.

Also, liebe gute Mama, ein gutes heiliges Fest! Laß uns, wie jedes Jahr, auch heuer, in unseren vertrauten Erinnerungen Umschau halten, bis wir uns dort nebeneinander finden, wo wir beieinander auf dem Betschemel knieen, Du voraus- und mitwissend, die Überraschungen kennend, denen mein hochaufklopfendes Herz noch, ahnend und uneingeweiht, gegenübersteht. Mir scheint, wenn wir uns immer wieder in jene Situation zurückversetzen, die uns beiden im Gemüt und Gefühl geblieben ist, so daß wir ihre besondere Spannung und Reinheit mit keiner anderen Spannung oder Lauterkeit des inneren Erlebens vergleichen oder verwechseln könnten –, so sind wir sicher, in's Herz, in die Mitte der lieben starken Weihnacht zu geraten, dorthin, wo die Krippe steht und genau unter den großen Stern, der die ersten Anbeter zu ihr geführt hat. Laß uns denn knieen, und laß uns anbeten und uns freuen mit der großen Freude, die ausreicht, in den Winterhimmeln den Glanz und die Wärme zu ersetzen, die mit dem Sommer und Herbst verschwunden scheinen; da geht schon die innige Seelensonne auf das Jesuskind, und verspricht *seine* Jahreszeiten in unsern Herzen. Auch diese Sonne, deren stillen Aufgang in die verschneite Nacht zu legen, eine der vertraulichsten und innigsten Absichten Gottes war, diese Sonne, einmal in ihrer Bahn angetreten, beginnt ihren Kreislauf im Innenraum unserer Natur, auch sie geht ihren Weg über dem Wachstum unseres Gefühls, unseres Vertrauens und unseres Glaubens, – auch sie ist in ihrem Bereich, wie jene andere in der sichtbaren Welt, die große, die unwidersprechliche Erweckerin alles Blühens und die Gestalterin und Vollenderin unserer Früchte. Aber auch sie verändert, ähnlich der Weltensonne, ihren Abstand zu uns, auch sie mutet uns, von Wolken überzogen oder über anderen Hemisphären strahlend, einen langen Winter zu, Wintertage ohne den Beistand ihres Lichts und ihrer Glut ... Und selbst wenn sie sich, übermächtiges Gestirn, uns völlig gönnt, sind wir nicht fähig, ihre Gnaden zu empfangen, teils wegen unserer Hinfälligkeit, teils weil die Stärke ihres Glanzes uns mit einem Zuviel von Feuer zu blenden droht. Drum halten wir so fest an dieser weihnachtlichen Gnaden-Macht: weil, hier, in ihrem kindlichen Aufgang, diese reiche und herrliche Sonne noch soviel Mildigkeit besitzt, daß wir sie, hingegeben, aushalten, daß wir vermögen, sie anzusehen und anzustaunen und wahrhaftig in ihrer Gegenwart zu sein. Alle anderen Male ist es der Glaube, der uns zu ihr helfen muß, hier aber, wo sie fast hilfsbedürftig scheint im Schooß ihres lieblichen Ursprungs, da genügt die bloße empfangende und einsehende, ja eine fast nur ruhende Liebe, um ihre Göttlichkeit auf uns zu lenken und uns unterzuhalten unter ihren Überfluß.

Sei also wieder einmal, liebe treue Mama, umarmt in diesem liebevollen Glanz, möge er Dich stärken und mit Frieden und Freudigkeit segnen!!!

Dein alter René.

[Telegramm aus Val-Mont 24. Dezember 1924]

Bin noch Valmont. Zu unserer Sechs-Uhr-Stunde innig bei Dir.

René.

1925

Muzot,
vor Weihnachten
1925

Meine liebe Mama
wenn Du diese Zeilen liest, ist unsere sechs-Uhr-Stunde wieder, über ein Jahr, in ihre alten Rechte getreten: fühle, daß ich da bin sie mit Dir zu feiern! So nah an der Heinrichsgasse: ich denke immer, wenn Du Dich hineinhörst, müßten noch die Glocken vernehmlich sein, die Papa im spannendsten Augenblick auf so festliche ankündende Art zu läuten wußte. Ich glaube, alle Freuden meines Lebens haben *diese* Stimme gehabt, so wie alle, zu welcher Zeit des Jahres, sie mich auch treffen mochten, an Weihnachten denken ließen: so sehr ist jene Erfüllung, jene Reihe von Erfüllungen, die ich einst unter dem strahlenden Christbaum vorfand, atemlos, mit bis in den Hals klopfendem Herzen, maßgebend geblieben für alle Beschenkungen, später, des Lebens! Und sie muß ausreichen diese alte frühe, in mein Herz so gut wie in Deines, eingepflanzte Freude, uns die über alle Entfernung gemeinsame Stunde lieb und hell zu machen. Wenn mein Dasein später, unter dem furchtbaren Druck der Militärschule, gewissermaßen in meine eigenen, oft so schwachen und ratlosen Hände überging –, damals, zur Zeit jener Weihnachten, hielt ich es noch nicht, gab es Euch aber, Dir und Papa, manchmal zu halten, und es ist sicher bestimmend für mich ge-

worden, daß Ihr fähig und entschlossen wart, es dann unter dem Schutze und Glanze dieses Festes so hoch als möglich in den Jubel hinaufzuheben, in jenen Jubel, der mir die Engel geschenkt hat, deren Bewußtsein, weit entfernt mir verloren zu gehen, auf allen Stufen des Lebens mit mir gewachsen ist! Und so seien es heute die kleinen, an mir gemessen doch damals schon so großmächtigen Engel unserer alten Weihnacht, die ich bitte, meine liebe Mama, von unserem Gedenken zu wissen und mit ihrer leichten Gegenwart sich zu teilen zwischen Deinem und meinem Gabentisch, zwischen Deiner und meiner Einsamkeit. Wir knieen zu gleicher Zeit, in der gleichen Erinnerung, hineingerückt, jeder von seiner Seite her, in das Licht der gleichen Christ-Nachts-Gnade: und so knieen wir neben einander. Schließ mich ein in Dein aufopferndes Gebet, in seine Festlichkeit und Frohheit, zu der Du, gehorsam, von der Krippe Anlaß um Anlaß nimmst, und laß mich Dir sagen, wie ich Deinen Mut im innersten Herzen bewundere, der Dich »Weihnachten« fühlen und feiern läßt in Einsamkeit und mancher Sorge, ohne daß eine Ablenkung oder Entbehrung Dein Gefühl stören kann; so groß ist die Schenkung, die ihm immer wieder von dem erneuten kindlichen Heiland zukommt, so groß aber auch seine Fähigkeit, mit den wirklichen Werten des Herzens beschenkt zu sein!

Sei innig umarmt

von Deinem alten
René.

Der Kalender ist also, unfestlich, im »Postanzug« des Verlags, schon vorher abgegangen: ich rechne damit, daß er nun vor Dir steht, und Dir, wie alljährlich, ein Vertreter ist meines Schenken-*»wollens«*! dessen Möglichkeit Du mir noch mehr beschränkst durch Deine Zollerfahrungen, so daß ich wirklich jede Neigung, noch etwas hinüberzuschicken, unterdrücke. Auch, außerdem, Sierre ist Sierre und Muzot, Muzot: und die Versuchung, Einkäufe zu machen, ist nicht in diesem Lande zuhaus!

NACHWORT

Ferne und Nähe sind nicht Nähe und Ferne in diesen kontinuierlichen, die Stärke einer Zugehörigkeit im Geiste kommentierenden Briefen, Weihnachtsbriefen an die Mutter. Die Mutter Rainer Maria Rilkes, eigentlich Sophia Rilke, genannt Phia, war eine schöne, moderne Frau aus vermögendem Hause: eine tollkühne Reiterin, eine exzellente Tänzerin und begabt im Klavierspiel und für Sprachen. Sie war der Liebling des Vaters, der eine chemische Fabrik in Prag besaß und viele Ehrenämter dort bekleidete. Phia Rilke geborene Entz lebte bis zum Tode ihres Vaters in einer Welt, wo Geld und Stellung in der noblen Gesellschaft ihrer Heimatstadt ihr ohne eigene Anstrengung gegeben waren.

In dem Buch *René Rilke* von Carl Sieber, über die Jugend des Dichters, wurde vieles des jetzt durch Briefe bestätigten Daseins von Phia Rilke nur erahnt. Aber eines ist Wirklichkeit: sie war es, die den Sohn förderte und in ihm schon den kommenden Dichter sah – und nie den Offizier, wie der Vater es wünschte. Wie immer sollte der Sohn *das* erreichen, was der Vater nicht geschafft hatte. Phia Rilke trennte sich bald von ihrem sehr schönen aber steifen Mann, Josef Rilke, für den Form wichtiger war als Liebe. –

Phia, die »liebe Mama« mit der Betonung auf dem letzten ›a‹, erhielt diese hier versammelten Weihnachtsbriefe von 1900 bis 1925. Sie sind ausgefüllt vom inneren, vom verbindenden Leben zwischen Sohn und Mutter. Der Sohn

konnte ihr die schwersten und tiefsten Texte schreiben; Briefe, die an die *Elegien* und die Traktate *Über Gott* oder den *Brief des jungen Arbeiters* heranreichen. Er liest mit ihr die *Confessiones* von Augustinus.
Der »Heilige Abend« und seine Sechs-Uhr-Stunde, die Stunde der Geburt Christi, vereint Jahr für Jahr Mutter und Sohn im Gebet und im Gedenken.

In die schöne, braune Lederausgabe des deutschen Augustinus, die Rilke seiner Mutter schenkte, stehen folgende Verse des berühmten Sohnes, von seiner Hand eingetragen:

Laß Dich nicht irren die Zeit : was
ist nah, was ist fern?
Hören wir nicht dieses Herz, wie es
hinging zum Herrn?
wie es uns, über vieles Geschehne,
berührt und erreicht:
so erreichen wir unsere sichere
Seele vielleicht.

Lautschin, Ende July 1911
Meiner lieben Mama dieses herrliche Buch im Gedächtnis der gemeinsam darüber verbrachten Stunde.
René.

Hella Sieber-Rilke

Gesetzt in der Schrift Sabon. Bezugspapier: Svetlana Ivanova/Shutterstock. Gedruckt auf holzfreies, alterungsbeständiges Werkdruckpapier der Firma LENK Paper Schleipen GmbH, Bad Dürkheim, von der Memminger MedienCentrum AG, Memmingen. Gebunden in Fadenheftung von der Josef Spinner Großbuchbinderei GmbH, Ottersweier. Dieses Buch wurde klimaneutral produziert: climatepartner.com/14438-2110-1001. Printed in Germany.

Erste Auflage dieser Ausgabe 2013. ISBN 978-3-458-19391-3